Borderline-Störung

Fortschritte der Psychotherapie
Manuale für die Praxis

herausgegeben von
**Prof. Dr. Dietmar Schulte, Prof. Dr. Klaus Grawe
Prof. Dr. Kurt Hahlweg, Prof. Dr. Dieter Vaitl**

Band 14

Borderline-Störung

von

Martin Bohus

Hogrefe · Verlag für Psychologie
Göttingen · Bern · Toronto · Seattle

Borderline-Störung

von

Martin Bohus

Hogrefe · Verlag für Psychologie
Göttingen · Bern · Toronto · Seattle

Dr. med. Martin Bohus, geb. 1956. 1978-1985 Studium der Medizin und Philosophie in Freiburg. Anschließend Grundlagenforschung im Bereich Molekularbiologie und Immunologie. Seit 1988 zunächst Assistenzarzt, später Oberarzt an der Psychiatrischen Universitätsklinik Freiburg. 1995 Ausbildung zum Trainer und Supervisor in Dialektisch-Behavioraler Psychotherapie durch Marsha Linehan, Seattle, USA.

Allen Teammitgliedern der Station 8 in Freiburg gewidmet.

Wichtiger Hinweis: Der Verlag hat für die Wiedergabe aller in diesem Buch enthaltenen Informationen (Programme, Verfahren, Mengen, Dosierungen, Applikationen etc.) mit Autoren bzw. Herausgebern große Mühe darauf verwandt, diese Angaben genau entsprechend dem Wissenstand bei Fertigstellung des Werkes abzudrucken. Trotz sorgfältiger Manuskriptherstellung und Korrektur des Satzes können Fehler nicht ganz ausgeschlossen werden. Autoren bzw. Herausgeber und Verlag übernehmen infolgedessen keine Verantwortung und keine daraus folgende oder sonstige Haftung, die auf irgendeine Art aus der Benutzung der in dem Werk enthaltenen Informationen oder Teilen davon entsteht. Geschützte Warennamen (Warenzeichen) werden nicht besonders kenntlich gemacht. Aus dem Fehlen eines solchen Hinweises kann also nicht geschlossen werden, daß es sich um einen freien Warennamen handele.

Die Deutsche Bibliothek - CIP-Einheitsaufnahme

Ein Titeldatensatz für diese Publikation ist bei
Der Deutschen Bibliothek erhältlich

© Hogrefe-Verlag GmbH & Co. KG, Göttingen • Bern • Toronto • Seattle 2002
Rohnsweg 25, D-37085 Göttingen

http://www.hogrefe.de
Aktuelle Informationen • Weitere Titel zum Thema • Ergänzende Materialien

Satz: Beate Hautsch, Göttingen
Druck: Schlütersche Druck GmbH & Co. KG
Printed in Germany
Auf säurefreiem Papier gedruckt

ISBN 3-8017-1096-3

Inhaltsverzeichnis

Karten:
Klinischer Leitfaden für die Diagnostik der BPS
Gliederung der Behandlungsziele
Skills

Einführung

Fallbeispiel

„Die letzten Tage waren zuviel, ich habe nicht gewußt, daß es zu meinem Weg gehört, mich so ausdauernd und so abgrundtief gequält zu fühlen. Es war ein ruhiger Entschluß, lange überlegt und geplant. Ich wollte mir eine letzte Gnade erweisen, es durfte zu Ende sein."

„Nein, es geht nicht mehr um Suizid. Die Entspannung wird spürbar, sobald ich mich dazu entschieden habe. Ich gerate ein wenig in Trance, das meiste läuft automatisch. Ich gehe dann raus und hole die Rasierklingen. Auch Verbandszeug und Pflaster. Im Kopf spiele ich es schon durch: wo und wie werde ich es tun? Das gehört alles dazu. Dann gehe ich ins Bad, setze mich auf die Duschwanne, packe alles aus und ordne es rund um mich. Beim ersten Schnitt fühle ich mich schon viel ruhiger, viel entspannter. Häufig geht es lange. Ich lasse mir Zeit. Ich genieße es, das Blut fließen zu sehen, einfach nur zu fließen. Manchmal male ich mit meinem Blut, das sind die wenigen Momente, wo ich mich vollständig spüre."

„Und dann, wenn wir uns wieder sehen, werden Sie sich an die Supervisionsgruppe halten und mich zwingen, verhaltenstherapeutisch an mir zu arbeiten. Aber alles in mir sträubt sich dagegen. Alles!! Die Skills helfen nicht, jedenfalls nicht sofort und wenn, dann werden sie mich dazu bringen, ein Spiel mit zu spielen, das mich von mir entfernt. Ich kann das nicht alleine aushalten!"

„Ich sitze hier und schaue meine Handgelenke an, wo die dicksten Adern sind, wo ich sie aufschneiden möchte, und ich merke, daß ich eines tun kann: auch wenn ich keine Ahnung habe, wie es weitergeht, mich zu schneiden kann ich jetzt sein lassen. Da spüre ich, daß ich mich mittlerweile entscheiden kann und das auch muß, wenn ich aus dem Grab raus will. Und jetzt die Therapie abzubrechen oder damit zu drohen, kann ich mittlerweile auch sein lassen. Ich werde so lange weitermachen, bis ich sicher fühle, daß ich unter den Bedingungen, die Sie setzen, nicht weitermachen und diese auch nicht verändern kann. Im Moment fühle ich vorsichtshalber gar nichts."

„Doch, ich glaube, ich bin „durch". Es ist nicht so, wie ich dachte, es ist nicht alles weg, es ist nur, ich weiß jetzt wie ich mit mir umgehen kann. Wie ich mich schützen kann, ich weiß, daß die Skills helfen und ich weiß, daß es hart war, und daß ich nie wieder dort zurück will. Nie wieder."

Zwischen dem ersten und letzten Zitat liegen drei Jahre. Drei Jahre hartes Ringen um tägliches Überleben, um die therapeutische Beziehung, um den Entschluß, das Leben, so wie es ist, zu akzeptieren und daraus Kraft zu ziehen für Veränderungen. Zwei Jahre Einzeltherapie und Fertigkeiten-Gruppe, schließlich ein Jahr in der Selbsterfahrungsgruppe.

Noch vor wenigen Jahren galt die Psychotherapie der Borderline-Störung (BPS) als langwierig und wenig erfolgversprechend. Therapieabbrüche, stationäre Aufenthalte, Chronifizierung, und Suizide sind als düstere Schlagwörter mit der Behandlung dieser Störung verknüpft. Hinzu kommen hohe Kosten und eine starke emotionale Belastung für alle Beteiligten.

Es ist sicherlich maßgeblich der Verdienst von Marsha Linehan, daß sich in den letzten Jahren einige entscheidenden Veränderungen durchsetzen konnten. Zum einen wurde mit der „Dialektisch Behavioralen Therapie" (DBT) ein störungsspezifisches Konzept entwickelt, dessen Wirksamkeit mittlerweile in mehreren kontrollierten Studien nachgewiesen werden konnte. Zum anderen, und dies erscheint mir der wesentliche Aspekt, bestärkt M. Linehan eine streng deskriptive, phänomenologische Sichtweise, die frei von bewertendem, schulentheoretischem Überbau, den Boden dafür bereitet, sich dem Verständnis dieser Störung wissenschaftlich zu nähern. Wie die meisten modernen störungsspezifischen Therapieformen integriert die DBT das ständig sich verändernde Wissen aus den Bereichen der Neurobiologie, der Sozialwissenschaften, und der Kognitiv-Behavioralen Psychologie. Hinzu kommt der spirituelle Aspekt, den die DBT aus dem Bereich der fernöstlichen Meditation bezieht. Eine „factory" also, eine Werkstatt, die ständig im Fluß ist, ständig neues Wissen integriert und weiterentwickelt.

Dieser Band in der Reihe „Fortschritte der Psychotherapie" basiert zwar weitgehend auf den Handbüchern von M. Linehan (1996a, 1996b), beinhaltet dabei aber eine Vielzahl von Neuentwicklungen und Anpassungen an die Versorgungssituation im deutschsprachigen Raum, insbesondere im Bereich der stationären Behandlung. Üblicherweise wird in den Texten dieser Reihe die männliche Sprachform für Therapeut und Patient gewählt. Da die überwiegende Mehrzahl der therapeutisch behandelten Borderline-Patienten jedoch weiblichen Geschlechts ist, wird für diesen Text auf Patientenseite die weibliche Sprachform gewählt.

Freiburg, August 2001   Martin Bohus

1 Beschreibung der Störung

1.1 Geschichte des Störungsbegriffs

Das Störungsbild verzeichnet eine lange Historie des Wandels von Begrifflichkeit und Störungsverständnis. Der Begriff „Borderline" wurde 1938 von Adolf Stern (1938) geprägt. Er basiert auf einem von Freud entwickelten psychoanalytischen Grundverständnis, das ein Kontinuum zwischen neurotischen und psychotischen Störungen postuliert. Der Terminus „Borderline" meint eine unscharfe und fluktuierende „Grenzlinie" zwischen diesen beiden Zuständen, also eine Art Übergangsbereich von der Neurose zur Psychose. Im Zeitraum zwischen 1920 und 1965 (Übersicht: Kind, 2000) erschien eine Vielzahl von Arbeiten, die darauf hinzielten, die Borderline-Störung dem schizophrenen Formenkreis zuzuordnen. Begriffe wie „latence schizophrenia", „ambulatory schizophrenia", „occult schizophrenia" und „Pseudoneurotische Form der Schizophrenie", illustrieren diese Sichtweise. Mitte der sechziger Jahre veröffentlichte O. Kernberg seine klassische Arbeit „Borderline Personality Organization" (Kernberg, 1967). Er verließ damit psychiatrische Begrifflichkeiten, wie „syndroms", „states" oder „disorders" und prägte den Begriff „Organisation" als einen systemischen Begriff, von strukturierten, miteinander in Bezug stehenden psychischen Vorgängen. Das Kernberg'sche Konzept integrierte Modelle von Edith Jacobson, Melanie Klein und Margret Maler. Die entwicklungspsychologisch-genetischen Vorstellungen Kernbergs basieren auf der Annahme eines primär undifferenzierten Entwicklungsstadiums während des Säuglingsalters, in dem Selbst- und Objektrepräsentanzen noch nicht von einander getrennt seien. „Gut" und „Böse" hingegen seien als polarisierte Formen stark voneinander getrennt und absorbierten (so Kernberg) durch diese strikte Trennung aggressive Impulse. Dieser „Spaltungsvorgang" stellt entwicklungspsychologisch gesehen ein Zwischenstadium dar. Die weiteren Entwicklungsschritte sehen nun vor, diese polarisierten Anteile aufzulösen und damit die gut/böse-Konstellation zu überwinden. Dies führe schließlich zur Erreichung einer „reifen Ich-Identität". Störungen während dieser Differenzierung führten zu einer „spezifischen Fixierung" bzw. Regression auf die Ebene der „Borderline-Struktur". Es fehle das sichere Gefühl für das eigene Selbst sowie für existierende Außenobjekte. Negative Affekte, Kernberg sieht hier vornehmlich aggressive Prozesse, könnten von dieser „fragilen Ich-Struktur" nicht bewältigt werden, führten zu Schwierigkeiten im interaktionellen Bereich sowie zu autodestruktiven Handlungen. Das von Kernberg entwickelte Borderline-Konstrukt umfaßt aus seiner Sicht alle

Historie des Begriffes

Zuordnung zum schizophrenen Spektrum

Kernberg entwickelt den Begriff der „Borderline-Organisation"

schwereren Formen der Persönlichkeitsstörungen (etwa 10% der Bevölkerung) und betont drei intrapsychischen Charakteristika: „Identitätsstörungen", „primitive Abwehrprozesse", wie Spaltung, Verleugnung, Projektion und projektive Identifizierung sowie „intakte Realitätstestung" bei hoher Vulnerabilität gegenüber Veränderungen im sozialen Umfeld.

Entwicklung operationalisierter Kriterien durch Gunderson und Singer

Die Aufnahme der Borderline-Persönlichkeitsstörung in das DSM-III basierte weitgehend auf einer viel zitierten Übersichtsarbeit aus dem Jahr 1975 von Gunderson und Singer (1975). In dieser Arbeit postulierten die Autoren fünf mutmaßliche Dimensionen, die das Störungsbild auf phänomenologischer, deskriptiver Ebene abbildeten: dysphorische Affekte, impulsive Handlungen, zwischenmenschliche Beziehungen, psychoseähnliche Kognitionen und Anpassungsstörungen im sozialen Bereich. Anhand von Faktorenanalysen wurden von Gunderson et al. (1978) sieben Kriterien ermittelt, die Patienten mit Borderline-Störungen mit 81%iger Wahrscheinlichkeit von anderen klinischen Gruppen unterscheiden konnten. Spitzer et al. (1979) fügten zu diesen sieben Kriterien noch das von Kernberg vorgeschlagene Kriterium der „instabilen Identität" hinzu. Diese acht Kriterien bildeten schließlich als Gesamtheit den Kriterienkatalog des DSM-III. Bis zur Einführung des DSM-IV (APA, 1994) wurden über 300 Studien publiziert, die auf den Kriterien des DSM-III bzw. DSM-III-R basierten. Die einzige und zunächst kontrovers diskutierte Änderung im DSM-IV war schließlich die Einführung des neunten Kriteriums „Vorübergehende, streßabhängige paranoide Vorstellungen oder schwere dissoziative Symptome". Heute gilt dieses neunte Item als reliabel erfaßbar und trennscharf gegenüber anderen psychiatrischen Störungsbildern. Diese operationalisierte Diagnostik gilt heute allgemein als anerkannt. Das ICD-10 übernahm weitgehend die deskriptive Sichtweise des DSM-III-R, ordnete die Borderline-Störung jedoch zusammen mit dem „impulsiven Typus" der emotional instabilen Persönlichkeitsstörung unter.

1.2 Definition der Störung

1.2.1 Diagnostische Kriterien nach DSM-IV

Da in klinischer und wissenschaftlicher Hinsicht die DSM-IV-Kriterien für Borderline-Störungen denen des ICD-10 deutlich überlegen sind, finden in diesem Band ausschließlich DSM-IV-Kriterien Berücksichtigung. Die Diagnostik der Persönlichkeitsstörungen erfolgt auf zwei Ebenen. Auf der ersten Ebene muß geprüft werden, ob überhaupt eine solche vorliegt. Im folgenden sind die zu prüfenden allgemeinen Kriterien aufgeführt, die sämtlich erfüllt sein müssen. Im zweiten Schritt kann der Subtypus anhand einer bestimmten Anzahl von Erlebens- und Verhaltensweisen spezifiziert werden.

A. Ein überdauerndes Muster von innerem Erleben und Verhalten, das merklich von den Erwartungen der soziokulturellen Umgebung abweicht. Dieses Muster manifestiert sich in mindestens 2 der folgenden Bereiche:

   (1) Kognition (also die Art, sich selbst, andere Menschen und Ereignisse wahrzunehmen und zu interpretieren),

   (2) Affektivität (also die Variationsbreite, die Intensität, die Labilität und Angemessenheit emotionaler Reaktionen),

   (3) Gestaltung zwischenmenschlicher Beziehungen,

   (4) Impulskontrolle.

B. Das überdauernde Muster ist unflexibel und tiefgreifend in einem weiten Bereich persönlicher und sozialer Situationen.

C. Das überdauernde Muster führt in klinisch bedeutsamer Weise zu Leiden oder Beeinträchtigungen in sozialen, beruflichen oder anderen wichtigen Funktionsbereichen.

D. Das Muster ist stabil und langdauernd, und sein Beginn ist zumindest bis in die Adoleszenz oder ins frühe Erwachsenenalter zurückzuverfolgen.

E. Das überdauernde Muster läßt sich nicht besser als Manifestation oder Folge einer anderen psychischen Störung erklären.

F. Das überdauernde Muster geht nicht auf die direkte körperliche Wirkung einer Substanz (z. B. Droge, Medikament) oder eines medizinischen Krankheitsfaktors (z. B. Hirnverletzung) zurück.

Diagnostische Kriterien für 301.83 (F60.31)
Borderline-Persönlichkeitsstörung

Ein tiefgreifendes Muster von Instabilität in zwischenmenschlichen Beziehungen, im Selbstbild und in den Affekten sowie von deutlicher Impulsivität. Der Beginn liegt im frühen Erwachsenenalter und manifestiert sich in den verschiedenen Lebensbereichen. Mindestens 5 der folgenden Kriterien müssen erfüllt sein:

1. Verzweifeltes Bemühen, tatsächliches oder vermutetes Verlassenwerden zu vermeiden.
   Beachte: Hier werden keine suizidalen oder selbstverletzenden Handlungen berücksichtigt, die in Kriterium 5 enthalten sind.

2. Ein Muster instabiler, aber intensiver zwischenmenschlicher Beziehungen, das durch einen Wechsel zwischen den Extremen der Idealisierung und Entwertung gekennzeichnet ist.

3. Identitätsstörung: ausgeprägte und andauernde Instabilität des Selbstbildes oder der Selbstwahrnehmung.

4. Impulsivität in mindestens zwei potentiell selbstschädigenden Bereichen (Geldausgaben, Sexualität, Substanzmißbrauch, rücksichtsloses Fahren, „Freßanfälle").
   Beachte: Hier werden keine suizidalen oder selbstverletzenden Handlungen berücksichtigt, die in Kriterium 5 enthalten sind.

5. Wiederholte suizidale Handlungen, Selbstmordandeutungen oder -drohungen oder Selbstverletzungsverhalten.

6. Affektive Instabilität infolge einer ausgeprägten Reaktivität der Stimmung gekennzeichnet ist (z. B. hochgradige episodische Dysphorie, Reizbarkeit oder Angst, wobei diese Verstimmungen gewöhnlich einige Stunden und nur selten mehr als einige Tage andauern).

7. Chronische Gefühle von Leere.

8. Unangemessene, heftige Wut oder Schwierigkeiten, Wut oder Ärger zu kontrollieren (z. B. häufige Wutausbrüche, andauernde Wut, wiederholte körperliche Auseinandersetzungen).

9. Vorübergehende, durch Belastungen ausgelöste paranoide Vorstellungen oder schwere dissoziative Symptome.

1.2.2 Klinische Symptomatik

Auf *klinischer Ebene* läßt sich die weitgefächerte Symptomatik von Patientinnen mit BPS in fünf Problembereiche gliedern:
– Problembereich Affektregulation
– Problembereich Selbstbild
– Problembereich psychosoziale Integration
– Problembereich kognitive Funktionsfähigkeit
– Problembereich Verhaltensebene

● *Problembereich Affektregulation*

Die meisten Forschergruppen sehen derzeit Störungen der Affektregulation im Zentrum der BPS. Fast alle diagnostischen Kriterien können entweder als direkte Auswirkung dieser Regulationsstörung gesehen werden, oder als Versuch, diese zu kompensieren. Dies betrifft zum einen niedrige Reizschwellen für die Auslösung von Emotionen, zum zweiten hohe Erregungsniveaus, das heißt sehr heftige Emotionen, und schließlich die verzögerte Rückbildung auf das emotionale Ausgangsniveau. Unter starkem Streß werden die Emotionen vielfach nicht differenziert wahrgenommen. Vielmehr erleben die Patientinnen „Überflutende Emotionen", „Gefühlswirrwar" oder zeitgleich sehr unterschiedliche, widersprüchliche Gefühle. Gemeinsam aber ist fast allen Patientinnen mit BPS, daß sie, oft mehrmals täglich, starke aversive Spannungszustände erleben. Diese Spannungsphänomene schießen häufig sehr schnell ein, bzw. schaukeln sich auf und können über

Störung der Affektregulation: niedrige Reizschwelle

hohes Erregungsniveau

verzögerte Rückbildung

6

viele Stunden anhalten. Sie sind von Panikattacken gut abzugrenzen, da sie keiner kategorialen Emotion zugeordnet werden. Das heißt, die Patientinnen wissen in aller Regel nicht, ob sie nun wütend sind, sich schuldig fühlen, Angst haben oder Scham verspüren. Handlungs- oder Lösungsentwürfe sind damit in aller Regel blockiert. Etwa 60% der Patientinnen entwickeln während dieser aversiven Anspannung, in Abhängigkeit vom jeweiligen Ausprägungsgrad, dissoziative Symptome, das heißt passagere Störungen der Selbst- und Realitätswahrnehmung unter Einschränkung der sensorischen Reizverarbeitung. Zahlreiche dysfunktionale Verhaltensmuster wie z. B. Selbstverletzungen, werden als Bewältiungsversuche dieser Anspannungsphänomene eingesetzt.

Intensive aversive Spannungszustände

Neben diesen hoch emotionalen Phasen erleben Patientinnen mit BPS zudem häufig plötzlich einsetzende Episoden der emotionalen „Taubheit" (numbness), also vollständig fehlender Gefühlswahrnehmung, ein Zustand, der ebenfalls als äußerst quälend und unangenehm beschrieben wird, geht er doch mit einem ausgeprägten Verlust des Identitätsgefühls einher.

„emotionale Taubheit"

- *Problembereich Selbst und Selbstbild*

Die meisten Patientinnen mit BPS berichten über ein tiefgreifendes Gefühl der Unsicherheit bezüglich der eigenen Identität und Integrität. Dieses Phänomen ermunterte Theoretiker aller Schulrichtungen zu vielfachen konzeptionellen Spekulationen bis hin zum Modell der „frühen Störung". Auf der phänomenologischen Ebene berichten ca. 70% aller Patientinnen, daß sie kein sicheres Gefühl dafür hätten, „wer sie wirklich seien". Etwa die Hälfte erlebt sich als „abgeschnitten von sich selbst", als „weit entfernt von sich selbst" oder empfindet es als äußerst unangenehm, „sich selbst ausgeliefert zu sein." Auffällig ist zudem eine stark negative Einschätzung des Körperbildes sowie Einstellung zur eigenen Körperlichkeit (Haaf et al., 2001).

Unsicherheit bezüglich der eigenen Identität und Integrität

- *Problembereich psychosoziale Integration*

Das Gefühl „anders zu sein als alle anderen", „isoliert und abgeschnitten" von der Welt und der Wirklichkeit, dabei „einsam, verlassen und unberührt zwischen allen anderen" zu existieren ist sicherlich eine grundlegende Wahrnehmung von Patientinnen mit BPS. Viele berichten, daß sie dieses „Gefühl" bereits im Kindes- und Jugendalter kannten.

Das Gefühl, „anders zu sein als alle anderen"

Im zwischenmenschlichen Bereich dominieren insbesondere Schwierigkeiten mit der Regulation von Nähe und Distanz. Die ausgeprägte Angst, verlassen zu werden, und eine schlecht ausgeprägte intrapsychische Repräsentanz wichtiger Bezugspersonen läßt die Patientinnen häufig Abwesenheit mit manifester Verlassenheit verwechseln. Sie versuchen daher, wichtige Bezugspersonen permanent an sich zu binden. Andererseits induziert gerade die Wahrnehmung von Nähe und Geborgenheit ein hohes Maß an Angst, Schuld oder Scham. Langwierige, schwierige Beziehungen mit häufigen

Schwierigkeiten in der Nähe-Distanz-Regulation

Trennungs- und Wiederannäherungsprozessen sind die Folge. Diese alternierende Aktivierung konträrer Grundannahmen und Schemata scheint eines der auffälligsten Verhaltensmuster bei Borderline-Patientinnen zu sein. So aktiviert etwa das Bedürfnis nach Zärtlichkeit und Geborgenheit die Selbstwahrnehmung, gewalttätig und zerstörerisch zu sein. Das Bedürfnis nach Macht, Unabhängigkeit und Autonomie sorgt für einen „Hunger" nach bedingungsloser Zuwendung und Liebe, die Wahrnehmung eigener sexueller Lust aktiviert massive autodestruktive Bedürfnisse, das Gefühl, jemandem vertrauen zu können, schlägt um in die sichere Erwartung einer traumatisierenden Grenzüberschreitung. Stolz, also die Wahrnehmung, etwas geleistet zu haben, was den inneren Normen entspricht, löst Scham aus und damit die Befürchtung, daß die eigene Minderwertigkeit sichtbar werde. Als weitere klinische Auffälligkeit kann „passive" Aktivität beschrieben werden, also die Tendenz, durch Demonstration von Hilflosigkeit und Leid Unterstützung zu erlangen und Kontakte aufzunehmen, getrieben von der Vorstellung, „wenn der Gegenüber tatsächlich wahrnehmen würde, wie **„passive** schlecht es mir geht, hätte er auch die Macht dazu, mein Befinden erheblich **Aktivität"** zu verbessern." Konsequenterweise führt eine Aggravierung von demonstrativ hilflosen Verhaltensmustern zu einer Überlastung der Sozialkontakte und damit öffnet sich der Weg in sozialpsychiatrische Versorgungssysteme.

● *Problembereich kognitive Funktionsfähigkeit*

Untersuchungen an klinischen Stichproben zeigen, daß ca. 60% der Patientinnen mit BPS eine ausgeprägte dissoziative Symptomatik entwickelt. Dies **dissoziative** betrifft sowohl Depersonalisations- und Derealisationserleben, das heißt **Symptomatik** Veränderungen der Raum/Zeit und Ich-Wahrnehmung, als auch sogenannte somatoforme dissoziative Phänomene, also Veränderungen der sensorischen Wahrnehmung. Diese Phänomene sind häufig nicht nur an konkrete Auslöser gekoppelt sondern generalisiert, bzw. werden durch physiologische Anspannung ausgelöst. Die mangelhafte Wahrnehmung der eigenen Emotionen, Verzerrung des Raum-Zeit-Gefühls, ein ausgeprägtes Gefühl von Fremdheit und vor allem der Kontrollverlust über die Realität charakterisiert diese Phasen. Hinzu kommen häufig Flashbacks, d.h. szenisches Wiedererleben von traumatisierenden Ereignissen, die zwar kognitiv der Vergangen- **Intrusionen** heit zugeordnet werden, emotional jedoch als real erlebt werden. Nicht selten werden diese Flashbacks, die über Stunden und Tage anhalten können, vom klinisch Unerfahrenen als psychotisches Erleben fehldiagnostiziert.

pseudo- Zanarini et al. (1990) untersuchten die Häufigkeit psychotischer oder psy- **psychotische** chosenaher Symptome bei ambulanten Borderline-Patienten und verglichen **Symptomatik** diese mit Patienten, die an akuten schizophrenen Episoden litten und Gesunden. Am auffallendsten war die Häufigkeit von Pseudohalluzinationen (26%), das heißt, akustischen oder optischen Illusionen, die jedoch als ichdyston erlebt werden (der Patientin ist also bewußt, daß sie halluziniert). Magisches und paranoides Denken, sowie übertriebener Argwohn findet

8

sich bei fast 100% der Untersuchten. Ichsyntone produktiv halluzinatorische Symptomatik über eine Dauer von 2 Tagen oder länger, findet sich immerhin bei 14% der untersuchten Borderline-Patienten.

Die derzeit publizierten Befunde zur neuropsychologischen Leistungsbeeinträchtigung von Borderline-Patientinnen sind weitgehend irrelevant, weil wichtige Variablen wie Dissoziation und innere Anspannung zum Untersuchungszeitpunkt nicht berücksichtigt wurden. Zum derzeitigen Forschungsstand ist also nicht von einer generellen kognitiven Leistungsminderung auszugehen.

neuropsychologische Leistung in der Regel nicht eingeschränkt

- *Problembereich Verhaltensebene*

Etwa 70 bis 80% aller Patientinnen berichten über selbstschädigende Verhaltensmuster in der Vorgeschichte. Am auffälligsten sind sicherlich Schnittverletzungen, die, zumeist oberflächlich beginnend, die Tendenz haben, sich auf den gesamten Körper einschließlich der Geschlechtsorgane auszuweiten. Häufig sind weiterhin „head-banging", also das Schlagen des Schädels gegen eine harte Fläche, Brennen mit Zigaretten oder Bügeleisen, Verbrühen und Verätzen oder das Zufügen von Stichwunden. In 80% der Fälle werden diese Selbstverletzungen im analgetischen Zustand durchgeführt, das heißt, die Patientin spürt vor- und während der Verletzung keinen Schmerz. Übereinstimmend wird berichtet, daß sich nach wenigen Minuten ein tiefgreifendes Gefühl der Entspannung, Entlastung, Ruhe und Geborgenheit einstellt. Körper- und damit Schmerzempfinden stellt sich ca. 20 min nach der Verletzung wieder ein. Als weiteres auffälliges Verhaltensmuster ist Hochrisikoverhalten zu nennen. Darunter versteht man etwa das Balancieren auf Baukränen, Hochhäusern oder Brückengeländern, Rasen auf der Autobahn, das Sitzen auf Bahnschienen, bis die Vibrationen spürbar werden, usw. Verhaltensanalysen ergeben, daß diese Muster in aller Regel zur Regulation von Ohnmachtsgefühlen eingesetzt werden. Methoden zur Reduktion der Sauerstoffversorgung des Gehirnes können gesondert betrachtet werden. Regelmäßige Blutentnahmen (bis zu Hämoglobinwerten um 3yg/dl) oder Insulinapplikation führen zu einer milden Euphorie bzw. Abschwächung der emotionalen Verwundbarkeit. Lerntheoretisch betrachtet, können die beschriebenen Verhaltensmuster als Methoden zur Reduktion aversiver Spannungszustände oder schwerer dissoziativer Phänomene gesehen werden, was im Sinne der instrumentellen Konditionierung als negative Verstärkung zu werten ist. Auch die sehr häufig beobachteten Störungen des Eßverhaltens wie Freßanfälle (Binge-Eating), Bulimische Attacken oder anorektisches Verhalten können einerseits als dysfunktionale Affektregulation verstanden werden, andererseits führen gerade Eßstörungen zu ausgeprägten Affektschwankungen sowie Störungen auf der kognitiven Ebene. Nicht zu vernachlässigen sind auch die zentralen Folgen von mangelnder Flüssigkeitszufuhr, die sich bei Borderline-Patientinnen bisweilen auf ein bis zwei Liter pro Woche reduziert.

Selbstverletzungen

Hochrisikoverhalten

Zentrale Hypoxie

Störungen des Eß- und Trinkverhaltens

Andererseits sollte nicht übersehen werden, daß eine Untergruppe von Patientinnen (ca. 20%) Selbstschädigungen einsetzen, um dadurch subeuphorisches Erleben auszulösen. Diese Patientinnen berichten neben einer Anhebung der Stimmung über Verbesserungen der Konzentration, Kreativität, bis hin zu lustvollem Erleben. Viele dieser Patientinnen schneiden sich daher ausgesprochen häufig, z.T. täglich. Vor dem gleichen Hintergrund ist die Methode des „Würgen" (strangling) zu verstehen (Manipulation an den Druckrezeptoren der Carotiden führen zu einem raschen Einschießen aminerger Transmitter in das ZNS, was zu erheblichen Lustgefühlen führen kann). Diese selbstschädigenden Muster werden also durch positive Konsequenzen aufrechterhalten und können daher durchaus unter das weite Feld der nicht-substanzgebundenen Suchtstörungen gefaßt werden.

Drogenmißbrauch (40%), Promiskuität, Pseudologie, pathologisches Kaufverhalten, Zwangshandlungen sowie aggressive Durchbrüche sind als weitere problematische Verhaltensmuster zu nennen (siehe auch Komorbidität).

1.3 Epidemiologie

Die Prävalenz der Borderline-Störung in der Allgemeinbevölkerung kann mit etwa 1,2 % angegeben werden. Klinische Stichproben ergeben ein Übergewicht weiblicher Patienten von etwa 70%. Feldstudien finden eine geringer ausgeprägte Geschlechterdifferenz (60% Frauen, 40% Männer; Torgerson, 2001). Eine breit angelegte Feldstudie in Norwegen konnte zeigen,

daß ca. 80% der Betroffenen sich in irgendeiner Form in psychiatrisch/psychotherapeutischer Behandlung befinden. Daraus resultiert auch der hohe Anteil an Borderline-Patientinnen in den Praxen niedergelassener Psychiater und Psychotherapeuten, der mit ca. 10% angegeben wird. Im stationären Bereich erfüllen in den USA ca. 15% die diagnostischen Kriterien nach DSM-III-R. Die stationäre Behandlung dieser Patientengruppe in der BRD kostet derzeit pro Jahr ca. 6 Milliarden DM, damit 15% des Gesamt-

Behandlungs-
kosten: ca. 15%
des Gesamt-
budgets für
Psychische
Störungen

budgets für die psychiatrisch/psychotherapeutische Versorgung in der BRD (Jerschke et al., 1998). Eine repräsentative Untersuchung an 300 nach DSM-IV diagnostizierten Patientinnen (Altersmittel: 30 Jahre) ergab, daß lediglich 20% mit einem Partner zusammenleben und 13% verheiratet waren. Während der Schulabschluß noch im Normbereich liegt (nur 5% haben keinen Schulabschluß), gehen nur 20% zum Zeitpunkt der Erhebung einer Vollzeitbeschäftigung und 8% einer Teilzeitbeschäftigung nach. Unter den Berufsbezeichnungen finden sich in erster Linie Sozialberufe wie Krankenschwestern, Altenpfleger und Erzieher (Bohus et al., 2001).

1.4 Verlauf und Prognose

Umstritten ist das durchschnittliche *Alter bei Erstmanifestation*. Jerschke et al. (1998) fanden eine bimodale Verteilung: eine große Gruppe zeigte bereits im Alter von 14 Jahren Verhaltensauffälligkeiten (Eßstörung, Selbstschädigung, Suizidversuche, Auffälligkeiten des Sozialverhaltens, affektive Störung), die einer stationären Behandlung bedurften, während eine zweite Gruppe im Mittel mit 24 Jahren erstmals stationär behandelt wurde. Unbehandelt kann die Prognose als äußerst ungünstig bezeichnet werden. Die *Suizidrate* liegt bei 7 bis 10% (Frances et al., 1986). *Langzeitkatamnesen*, z.T. über 15 Jahre (Stone et al., 1987) geben etwa 9% Suizide an. Als *Risikofaktoren für vollendete Suizide* werden impulsive Handlungsmuster, höheres Lebensalter, Depressionen, komorbide antisoziale Persönlichkeitsstörung sowie frühkindlicher Mißbrauch benannt (Soloff et al., 1994; Brodsky et al., 1997). Etwa 50% aller Borderline-Patienten mit vollendetem Suizid hatten zuvor bereits Suizidversuche unternommen. Auch Selbstverletzungen gelten als Risikofaktor für vollendete Suizide (Shearer et al., 1988). 5-Jahres-Katamnesen zeigen stabil schlechte psychopathologische Befunde bei gleichbleibend ungenügender sozialer Integration. Die Abbruchraten von unspezifischen bzw. tiefenpsychologisch orientierten Therapien liegen bei etwa 75%. Die Hälfte aller BPS-Patientinnen gibt zudem an, rezeptierte Medikamente nur unregelmäßig einzunehmen. In der BRD haben 80% aller Borderline-Patientinnen, die sich Selbstverletzungen zufügen, bereits Erfahrung mit stationärer psychiatrisch/psychotherapeutischer Behandlung. Die durchschnittliche Wahrscheinlichkeit einer jährlich sich wiederholenden Wiederaufnahme liegt ebenfalls bei 80%, die durchschnittlichen Aufenthaltszeiten pro Aufnahme bei 77 Tagen (Jerschke et al., 1998).

Frühmanifestationen vor dem 14. Lebensjahr

Suizidrate zwischen 7% und 10%

Geringe Spontanremission

1.5 Differentialdiagnose und Komorbidität

Gegenwärtig liegen 15 Studien vor, die zeitgleich Achse I- und Achse II-Störungen des DSM-III-R mittels operationalisierter Meßinstrumente erfaßten. Es zeigt sich, daß ein hoher Prozentsatz der Patientinnen mit BPS zusätzliche psychiatrische Störungen aufweist. Neben oft ausgeprägten Schlafstörungen (ca. 50%) stehen depressive Störungen (Lebenszeitprävalenz ca. 98%) und Angststörungen (Lebenszeitprävalenz ca. 90 %) im Vordergrund. Etwa 40% aller Frauen und 60% aller Männer mit BPS erfüllen die Kriterien für Alkohol oder Drogenmißbrauch (Dulit et al., 1990). Umgekehrt leiden etwa 12% aller Alkoholabhängigen und 17% aller Polytoxikomanen unter einer BPS. Die Schätzung für komorbid vorhandene psychotische Erkrankungen liegt bei etwa 1%, für Eßstörungen bei Frauen bei 60% (Zanarini et al., 1998a). Viele Borderline-Patientinnen erfüllen gleichzeitig die Kriterien anderer Persönlichkeitsstörungen. Im Vordergrund ste-

Hohe Komorbiditätsrate:

Schlafstörungen

Affektive Störungen

Angststörungen

Eßstörungen

11

hen dabei die „Dependenten Persönlichkeitsstörungen" (50%), „Ängstlich
Vermeidende Persönlichkeitsstörungen" (40%), „Passiv-aggressive Persönlichkeitsstörungen" (25%), „Paranoide Persönlichkeitsstörungen" (ca.
40%), „Antisoziale Persönlichkeitsstörungen" (25%) sowie „Histrionische
Persönlichkeitsstörungen" (15%). Deutliche Geschlechterunterschiede zeigen sich vor allem bei der komorbiden paranoiden Persönlichkeitsstörung
(signifikant häufiger bei Männern) (Zanarini et al., 1998b).

1.6 Diagnostische Verfahren und Dokumentationshilfen

Standard-
instrument im
Forschungsbe-
reich: IPDE

Hilfreich für den
klinischen
Alltag: DIB-R

Verlaufsmes-
sung: BSL

Wie im gesamten Bereich der Persönlichkeitsstörungen gilt auch für die
Borderline-Störung das IPDE (International Personality Disorder Examination; Loranger, 1999) als Instrument der Wahl. Es integriert die Kriterien
des DSM-IV (APA, 1994) und der ICD-10 (Dilling et al., 1991). Dabei
handelt sich um ein strukturiertes Experten-Interview. Die Interrater- und
Test-Retest-Reliabilität gilt als gut und ist unstrukturierten klinischen In-
terviews deutlich überlegen (kappa = .68 - .96 für Interrater-Reliabilität;
kappa= .4 - .8 für Test-Retest-Reliabilität). Neben diesem Instrument wurde in den letzten Jahren eine Reihe von Instrumenten zur spezifischen Diagnostik der BPS entwickelt. Internationaler wissenschaftlicher Standard ist
derzeit das Diagnostische Interview für Borderline-Syndrome, revidierte
Fassung, DIB-R (Zanarini et al., 1989). Um den Schweregrad des Störungsbildes zu erfassen und eventuelle Therapieverläufe zu evaluieren, wurde
von unserer Arbeitsgruppe die „Borderline-Symptom-Liste" (BSL) entwik-
kelt (Bohus et al., 2001).

2 Das neurobehaviorale Störungsmodell

Neurobehaviorale Störungskonzepte beruhen auf drei Paradigmen: Lerntheorie, kognitive Theorie und Neurobiologie. Die Lerntheorie beschreibt
die Prinzipien der klassischen und instrumentellen Konditionierung. Sie
erklärt damit etwa Phänomene wie die Etablierung von angstauslösenden
Stimuli und die Aufrechterhaltung von Handlungsmustern zur Reduktion
von Spannungszuständen. Die kognitive Theorie betont die Bedeutung individueller Schemata und Bewertungsprozesse etwa für die Entwicklung
traumaassoziierter Symptome und deren Chronifizierung. Zentrale neurobiologische und physiologische Dysfunktionen können auf genetische Faktoren zurückgeführt werden oder als somatische Folgen traumatischer Erfahrung interpretiert werden. Im folgenden werden zunächst die einzelnen

Paradigmen beschrieben, anschließend wird ein integratives Modell vorgestellt, das den theoretischen Hintergrund für das Therapiekonzept der Dialektisch Behavioralen Therapie (DBT) darstellt.

2.1 Psychosoziale Komponenten

Empirisch gesicherte Risikofaktoren für die Entwicklung einer BPS sind: weibliches Geschlecht bzw. Sozialisierung, frühe Erfahrung von sexueller Gewalt, körperlicher Gewalt und Vernachlässigung durch primäre Bezugspersonen sowie Gewalterfahrung im Erwachsenenalter (Zanarini et al., 1997). Weiterhin gesichert scheint die Bedeutung der fehlenden zweiten Bezugsperson zu sein, einer Schutz und Sicherheit gewährenden Person, die insbesondere die Wahrnehmung der Betroffenen teilt und deren Emotionen bestätigen könnte (Heffernan & Cloitre, 2000). Trotz der hohen Mißbrauchsrate (etwa 60% weiblicher Patienten mit BPS berichten über sexuelle Gewalterfahrung in der Kindheit (Zweig-Frank & Paris, 1997)), ist der kausale Zusammenhang zwischen erlebter Traumatisierung und Entwicklung einer BPS nicht geklärt.

Psychosozale Risikofaktoren: weibliches Geschlecht, frühe sexuelle Gewalt, körperliche Gewalt und Vernachlässigung, fehlende zweite Bezugsperson

2.2 Genetische Komponenten

Für die Gesamtheit der Persönlichkeitsstörungen liegen seit Mitte der neunziger Jahre Befunde aus Zwillingsstudien vor, die den Nachweis eines starken genetischen Einflusses erbringen (Konkordanzraten bei eineiigen Zwillingen ca. 55%, bei zweieiigen ca. 14%) (Schepank, 1996). Bis auf eine Studie (Torgersen et al., 2000a) wurden primär Verhaltens- und Erlebensdispositionen untersucht (z. B. Beziehungsverhalten, affektive Labilität, Zwanghaftigkeit) (Livesley et al., 1998; Jang et al., 1996). Die Autoren dieser Studien verfolgen also ein dimensionales Modell, das heißt, sie gehen von einem Kontinuum zwischen Persönlichkeitszügen und Persönlichkeitsstörung aus. Schon die Ergebnisse der früheren Arbeiten von Livesley et al. (1993), die eine genetische Disposition für Verhaltens- und Erlebenskomponenten, wie affektive Labilität, Identitätsprobleme, Narzißmus und Impulsivität bei gesunden Zwillingspaaren fanden, weisen auf die Bedeutung hereditärer Faktoren bei der Borderline-Persönlichkeitsstörung hin. Die einzige Zwillingsstudie, welche Konkordanzraten von monozygoten mit bizygoten Zwillingen vergleicht, von denen ein Zwilling manifest eine nach DSM-IV diagnostizierte Persönlichkeitsstörung aufweist, wurde im November 2000 veröffentlicht (Torgersen et al., 2000). Sie zeigt eine erhebliche genetische Bedeutung bei allen nach DSM-IV diagnostizierten Persönlichkeitsstörungen. Für BPS erklären genetische Faktoren ca. 69% der Varianz. Die Ergebnisse dieser Studie sind sicherlich vorsichtig zu in-

starker genetischer Einfluß auf alle Persönlichkeitsstörungen

Zwillingsstudie zeigt auch für BPS genetische Bedeutung

terpretieren, da die Komorbidität der untersuchten Populationen nicht berücksichtigt wurde. Über 90% aller Patienten mit BPS erfüllen die diagnostischen Kriterien für mindestens eine weitere Persönlichkeitsstörung (Zanarini et al., 1998b), so daß die hohe genetische Varianz eventuell durch die Komorbidität erklärt werden könnte.

Gesichert scheint jedoch die Bedeutung genetischer Faktoren für die Entwicklung dissoziativer Symptomatik. Jang et al. (1998) konnten in kontrollierten Zwillingsstudien nachweisen, daß hereditäre Faktoren bis zu 55% der Varianz dissoziativer Symptomatik erklären.

2.3 Störungen der Affektregulation

Autoren wie Coid (1993), Linehan (1996a) und Silk (2000) postulierten eine erhöhte Sensitivität gegenüber emotionalen Reizen, eine verstärkte emotionale Auslenkung und eine Verzögerung der Emotionsrückbildung auf das Ausgangsniveau. Diese Hypothesen basierten jedoch zunächst ausschließlich auf klinischer Beobachtung. Erst in den letzten Jahren konnten diese Annahmen auch experimentell bestätigt, bzw. in kontrollierten Studien geprüft werden (Herpertz et al., 1997). Untersuchungen unserer Arbeitsgruppe (Stiglmayr et al., 2001) konnten zeigen, daß Patientinnen mit BPS im Vergleich zu gesunden Kontrollpersonen signifikant häufiger, länger und intensiver aversive Anspannung erleben, jedoch Schwierigkeiten haben, dabei Emotionen zu differenzieren. In den letzten Jahren wurde damit begonnen, die funktionelle und topographische Anatomie von Hirnarealen bei BPS zu untersuchen, denen eine Bedeutung für die Induktion und Regulation von Affekten zugemessen wird. So spielen limbische, paralimbische und neokortikale frontale Strukturen eine zentrale Rolle für emotionale, motivationale, kognitive und motorische Verarbeitungsprozesse (Tucker et al., 1995). Mittlerweile zeigen neuere Forschungsergebnisse, daß chronischer Streß oder erhebliche Verwahrlosungserlebnisse in der Kindheit zu Beeinträchtigung neurobiologischer Reifungsprozesse und damit zu assoziierten kognitiven und emotionalen Störungen führen können. So ergaben experimentelle Untersuchungen an Tieren unter unkontrollierbarem Streß Hinweise auf funktionale und strukturelle neuronale Veränderungen im limbischen System (Uno et al., 1989). Erste klinische Studien belegen die Bedeutung des Lebensalters zum Zeitpunkt der Traumatisierung (De Bellis et al., 1999; Teicher et al., 1997). Da die Hirnentwicklung über die Pubertät bis weit in die Adoleszenz hineinreicht (Sowell et al., 1999), wird in Zukunft die Rolle von vulnerablen Entwicklungsphasen für die Generierung traumaassoziierter Persönlichkeitsveränderungen neu diskutiert werden müssen.

Erste bildgebende Untersuchungen finden Hinweise auf Störungen im präfrontalen Cortex sowie in der Amygdala und dem Hippokampus. Dem präfrontalen Cortex wird eine wichtige Rolle bei der Regulation der Amygdala sowie der Kontrolle von konditionierten Furchtreaktionen zugewiesen (Quirk et al., 2000). So können auch diese Befunde als Hinweise auf morphologische oder funktionelle neuroanatomische Störungen der Affektregulation interpretiert werden.

2.4 Dissoziative Phänomene

Das DSM-IV definiert Dissoziation als „Störung der normalen Integration von Bewußtsein, Gedächtnis und Identität oder Wahrnehmung der Umwelt" (APA 1994). Autoren wie Nijenhuis (1996) unterscheiden zwischen sogenannten psychologischen dissoziativen Phänomenen, wie Derealisation und Depersonalisation, und somatoformen Phänomenen, wie Analgesie, Verlust der Kontrolle über die Willkürmotorik, Veränderung der kinästhetischen Wahrnehmung, der Optik oder Akustik. Mehrere Studien unterschiedlicher Arbeitsgruppen konvergieren dahingehend, daß ca. 65% aller Patienten mit Borderline-Störung unter schwerwiegender, das heißt klinisch relevanter, dissoziativer Symptomatik leiden (Zweig-Frank & Paris 1997; Zanarini 2000). Zanarini und Frankenburg (1997) konnten weiterhin nachweisen, daß dissoziative Symptomatik bei Patienten mit BPS hoch korreliert mit Selbstschädigung, häufigen Klinikaufenthalten und niedriger sozialer Integration. Untersuchungen unserer Arbeitsgruppe (Stiglmayr et al., 2001) fanden eine hochsignifikante Korrelation zwischen aversiven Anspannungsphänomenen und dissoziativer Symptomatik bei Patientinnen mit BPS. Es kann also zumindest vermutet werden, daß diese Symptomatik durch intrapsychischen Streß getriggert wird.

Der Einfluß dissoziativer Phänomene auf psychosoziale Lernprozesse ist bislang nicht wissenschaftlich untersucht. Es darf jedoch vermutet werden, daß sowohl extrem hohe Anspannungsphänomene als auch dissoziative Phänomene die Fähigkeit des assoziativen Lernens von traumatisierten Patienten erheblich behindern (Übersicht: McEwen & Sapolsky, 1995). Das hieße, die Fähigkeit, neue Erfahrungen zu machen und diese mit alten Erfahrungsmustern zu verknüpfen, ist erheblich beeinträchtigt (Störung des kontextabhängigen Lernens). Dies wiederum, so darf hypothetisch angenommen werden, manifestiert sich in scheinbar irreversiblen dysfunktionalen Grundannahmen, die häufig widersprüchlich, das heißt schlecht kompatibel sind und daher ihrerseits zur Labilisierung der Affektregulation beitragen. Wie immer, wenn dysfunktionale Schemata emotional stark aufgeladen prozessiert werden, erscheinen eine situationsadäquate Interpretation der Realität sowie entsprechende Handlungsentwürfe erschwert. Zur Entwicklung von dysfunktionalen Strategien zur Problemlösung ist es nur ein kleiner Schritt. Da diese kurzfristig oft als sehr wirksam erlebt werden, sind sie trotz langfristig resultierender psychosozialer Problematik nur schwierig zu revidieren.

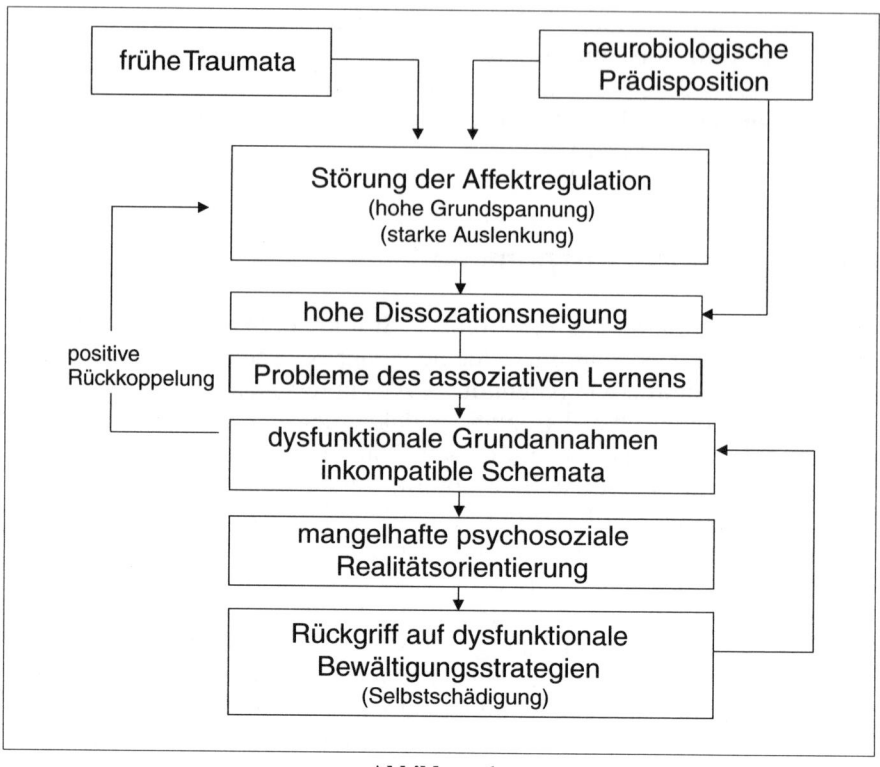

Abbildung 1:
Wesentliche Faktoren des neurobehavioralen Entstehungskonzeptes
der Borderline-Persönlichkeitsstörung

Neurobehaviorales Entstehungsmodell

Zusammenfassend postuliert dieses Modell also zunächst das Zusammenwirken genetisch bedingter neurobiologischer Faktoren, wie Dissozia-
tionsneigung, Störungen der Reizkontrolle und Affektmodulation, mit
psychosozialen Variablen, wie sexuellem Mißbrauch und emotionaler
Vernachlässigung.

In der Folge entwickeln sich dysfunktionale kognitiv-emotionale Schemata, die sich in Störungen der Identität, der Beziehungsregulation, der
Affektregulation und der Handlungssteuerung manifestieren.

Das Zusammenwirken dieser Faktoren führt während der weiteren psychosozialen Entwicklung zu Störungen der Assimilations- und Adapta-
tionsprozesse. Die traumatischen Erfahrungen werden durch spätere
positive Erfahrungen bzw. Lernprozesse nicht relativiert, bleiben daher
virulent und bestimmen weitgehend die Sicht der Welt als unberechenbar
und gefährlich.

3 Diagnostik und Indikation

Stufenplan für die klinische Diagnostik
1. Leitsymptom: Häufig einschießende äußerst unangenehme Spannung ohne differenzierte emotionale Qualität
2. DSM-IV
3. SKID-I zur Diagnostik von Komorbidität und eventuellem Ausschluß schizophrener Erkrankungen
4. Ausschluß organischer Faktoren
5. Diagnostisches Interview für das Borderline-Syndrom – revidierte Fassung (DIB-R)
6. Borderline-Symptom-Liste (BSL)

Die klinische Diagnostik orientiert sich am Leitsymptom: Einschießende aversive Anspannung

Sicherlich kann die Diagnostik der Borderline-Störung derzeit nicht als zufriedenstellend gelöst bezeichnet werden. Insbesondere die Abgrenzung zu Erkrankungen aus dem schizophrenen Spektrum erweist sich im klinischen Alltag immer wieder als schwierig. Häufig werden Pseudohalluzinationen oder schwere dissoziative Phänomene fälschlich als psychotische Symptomatik eingeschätzt. Umgekehrt kann während einer schweren depressiven Episode das Vollbild einer Borderline-Störung beobachtet werden, wobei sich die Verhaltensmuster nach Remission der Depression normalisieren. In diesem Falle ist also grundsätzlich danach zu fragen, ob die Borderline-spezifischen Verhaltensmuster bereits vor Entwicklung der depressiven Episode vorlagen. Auch im klinischen Alltag empfiehlt sich eine sorgfältige Abklärung der komorbiden Symptomatik. Die Bedeutung von Eßstörungen, Angst- und Zwangsstörungen sowie Schlafstörungen für die Aufrechterhaltung der Symptomatik wird häufig unterschätzt. Für die Durchführung des DIB-R ist ca. eine Stunde zu veranschlagen. Da dieses Interview das gesamte Spektrum der Symptomatik erfaßt, vermittelt es dem Therapeuten einen guten Überblick und der Patientin das Gefühl, daß alle wesentlichen Aspekte ihrer Problematik gesehen wurden. Die Einzelheiten der Behandlungsplanung werden auf Seite 29 näher ausgeführt. Die Indikation zur Behandlung ergibt sich bereits aus der Diagnose. Liegt eine klinisch manifeste Borderline-Symptomatik vor, so sollte alles unternommen werden, um eine störungsspezifische Behandlung zu ermöglichen. Die Differentialindikation zur stationären Behandlung wird auf Seite 99 diskutiert (vgl. Karte „Klinischer Leitfaden für die Diagnostik der BPS").

Komorbidität sollte unbedingt erfaßt werden

4 Grundprinzipien und Behandlungsmodule der DBT

Die Dialektisch Behaviorale Therapie (DBT) basiert weitgehend auf etablierten, das heißt empirisch abgesicherten kognitiv-behavioralen Methoden, integrierte jedoch eine Vielzahl von Strategien und Techniken aus anderen therapeutischen Schulen sowie fernöstlicher Meditationstechniken. Dies verbesserte zunächst die Motivations- und Compliance-Ebene von Patientin und Therapeut. Andererseits wurde die DBT dadurch um die spirituelle und transzendente Ebene erweitert. Auch wenn gerade dieser spirituelle Ansatz sich einem rein wissenschaftlich orientierten Kollegen nicht sofort erschließt, so ist er doch als der philosophische Hintergrund der DBT zu verstehen. Autoren wie Kabat-Zinn (1994) konnten mittlerweile die Wirksamkeit von meditativen Techniken auch empirisch nachweisen.

Die DBT strukturiert sich in Entscheidungsalgorithmen

Das therapeutische Konzept der DBT ist nicht linear organisiert, sondern orientiert sich an Prinzipien und Regeln. Während die meisten Manuale zur störungsspezifischen Behandlung von monosymptomatischen Störungsbildern, wie etwa von Zwangsstörungen oder Panikstörungen, die Reihenfolge und Inhalte der jeweiligen Sitzungen vorgeben, orientiert sich die DBT an Verhaltensmustern, welche die Patientin zeigt, und strukturiert die jeweiligen Inhalte und Methoden an Hand von Entscheidungsregeln. Es wird

Integration eines breiten Methodenspektrums

also vorausgesetzt, daß die Therapeuten grundlegende therapeutische Methoden wie Expositionsverfahren, kognitive Umstrukturierung oder Problemlösen beherrschen und zur Behandlung komorbider Symptomatik etablierte manualisierte Therapieverfahren heranziehen. Dies betrifft insbesondere die Behandlung von Eßstörungen, von Angststörungen, akuten depressiven Episoden, Schlafstörungen und Zwangshandlungen. Desweiteren empfiehlt sich insbesondere für psychologische Psychotherapeuten die Zusammenarbeit mit einem erfahrenen Psychiater, der die pharmakologische Behandlung steuert.

4.1 Therapeutische Grundannahmen

Der motivationale Aspekt erscheint vor dem Hintergrund der bereits erwähnten häufigen Therapieabbrüche von besonderer Bedeutung. Übereinstimmend zeigen alle bislang publizierten Studien zur Wirksamkeit der DBT eine hochsignifikant verbesserte Therapiecompliance im Vergleich mit unspezifischen Behandlungen (Koerner & Dimeff, 2000). Neben strukturel-

18

len Aspekten (Einbindung in Gruppen- und Einzeltherapie), spielt sicherlich die therapeutische Haltung, wie sie von Linehan in den „Grundannahmen" formuliert wurde, auch für diesen Aspekt eine wesentliche Rolle:

Therapeutische Grundannahmen
– Jedes Verhalten der Patientinnen macht im subjektiven Kontext Sinn. Sie versuchen, das Beste aus ihren gegenwärtig verheerenden Situationen zu machen. Es liegt daher in der Aufgabe des Therapeuten, die jeweiligen Auslöser, Schemata und Konsequenzen herauszuarbeiten.
– Borderline-Patientinnen wollen sich verbessern.
– Borderline-Patientinnen müssen sich stärker anstrengen, härter arbeiten und stärker motiviert sein, um sich zu verändern, dies ist ungerecht.
– Borderline-Patientinnen haben ihre Probleme in der Regel nicht alle selbst verursacht, sie müssen sie aber selber lösen.
– Das Leben suizidaler Borderline-Patientinnen ist so, wie es gegenwärtig gelebt wird, in der Regel unerträglich.
– Borderline-Patientinnen müssen in fast allen relevanten Dimensionen neues Verhalten erlernen.
– Patientinnen können in der DBT nicht versagen.
– Therapeuten, die mit Borderline-Patientinnen arbeiten, brauchen Unterstützung.

Die ersten beiden Annahmen, so banal sie klingen, vergegenwärtigen dem Therapeuten, den Angehörigen und dem Behandlungsteam die grundsätzliche Willensbereitschaft der Patienten, ihre Situation zu verbessern. „Wenn sich die Patientin optimaler verhalten könnte, so würde sie dies tun". Es liegt im Aufgabenfeld der Therapeuten, die aufrechterhaltenden Bedingungen für dysfunktionales Verhalten herauszuarbeiten. Die dritte Annahme fordert von Therapeuten und Patienten Sorgfalt, Rücksichtnahme und Kraft für die anstehenden Veränderungen. Der Therapeut ist gehalten, alle Möglichkeiten der Unterstützung bei dem schwierigen und langwierigen Veränderungsprozeß auszuschöpfen. Die vierte Annahme, daß die Patientinnen in der Regel ihre Probleme nicht verursacht haben, es dennoch allein in ihrer Hand liegt, Veränderungen herbeizuführen, verbalisiert einen häufigen und sehr hinderlichen Standpunkt der Patientinnen. In Vorwegnahme dieser Problematik führt der Therapeut bereits zu Beginn der Therapie gerne folgende Metapher ein: „*Stellen Sie sich vor, ein Mann ist auf dem Heimweg von der Arbeit, der ihn an einem Fluß entlang führt. Plötzlich, aus heiterem Himmel, wird er überfallen und in den Fluß gestoßen. Nun, da der Mann ja wirklich nicht freiwillig in den Fluß gesprungen ist – bedeutet dies, daß er nicht selber an Land schwimmen muß?*" Die fünfte Annahme, daß das Leben suizidaler Borderline-Patientinnen unerträglich ist, kann di-

19

alektisch verstanden werden: Als Appell an die Empathie des Therapeuten, Verständnis für die oft ausweglos erscheinende Situation des Patienten aufzubringen und an seine Courage, alles zu tun, um diese Situation zu verändern. Die sechste Annahme („Borderline-Patientinnen müssen neues Verhalten im relevanten Kontext erlernen"), verdeutlicht die Notwendigkeit, neu erlernte Fertigkeiten (Skills) nicht nur unter „Ruhebedigungen", also während emotionaler Balance zu trainieren, sondern diese auch unter emotionaler Belastung und starkem Streß anzuwenden. Krisensituationen sollten also immer als Chance genutzt werden, die Fertigkeiten zu vertiefen. Um stationäre Aufnahmen zu verhindern, gestaltet der Therapeut die Arbeit engmaschiger und „coacht" den Patienten durch die Krise. Die siebte Grundannahme verdeutlicht eine eigentlich selbstverständliche therapeutische Position: Niemand wird auf die Idee kommen, das Versagen einer Chemotherapie einem an Krebs leidenden Patienten anzulasten. Falls Therapiefortschritte stagnieren oder es zu Abbrüchen kommt, so ist die „Schuld" in dem therapeutischen Konzept, den eigenen Ressourcen, der Supervision oder der mangelhaften Ausbildung des Therapeuten zu suchen. Und schließlich formuliert die achte Grundannahme das Recht und die Notwendigkeit einer fachlichen und emotionalen Unterstützung der Behandelnden. Die Arbeit mit chronisch suizidalen Borderline-Patienten erfordert ein enormes Maß an Energie und emotionaler Intensität. Dies sollte, auch um Burn-out-Phänomenen vorzubeugen, im Rahmen der Supervisionsgruppe gewürdigt und emotional aufgefangen werden (zu den Regeln der Supervisionsgruppe siehe Seite 95).

4.2 Behandlungsmodule

Das DBT-Gesamtkonzept besteht aus den vier Modulen:
– Einzeltherapie
– Fertigkeitentraining in der Gruppe
– Telefonberatung
– Supervisionsgruppe für Therapeuten

Die *ambulante Einzeltherapie* erstreckt sich in der Regel über einen Zeitraum von zwei Jahren mit einer Frequenz von ein bis zwei Stunden pro Woche. Im Rahmen seiner individuellen Möglichkeiten sollte der Einzeltherapeut zur Lösung akuter, eventuell lebensbedrohlicher Krisen *telefonisch erreichbar* sein. Das *Fertigkeitentraining* wird idealerweise als halboffene Gruppe zur Erweiterung der störungsspezifischen Kompetenz angeboten. Die Kommunikation zwischen Einzel- und Gruppentherapeuten erfolgt im Rahmen der *Supervisionsgruppe*, die ebenfalls wöchentlich stattfinden sollte. Der Einzeltherapeut ist gehalten, die in der *Fertigkeiten-Gruppe* erlernten

Fähigkeiten fortwährend in seine Therapieplanung zu integrieren, um so die Generalisierung des Erlernten zu gewährleisten. Im folgenden wird zunächst dieses empirisch überprüfte „Idealkonzept" modellhaft vorgestellt. Die Umsetzung in der therapeutischen Praxis, die unter Umständen die Verwirklichung dieser idealtypischen Bedingungen nicht immer gewährleistet, wird auf Seite 72 diskutiert.

5 Das Behandlungsmodul Einzeltherapie

5.1 Beziehungsgestaltung

Gemeinhin gilt die Beziehungsgestaltung in der Therapie der BPS als schwierig. Viele Therapeuten fühlen sich irritiert im Spannungsfeld zwischen emotionaler Dichte und spröder Abweisung, zwischen hoher Motivation und Versagensangst, Überlebenskampf und drängenden Suizidwünschen ihrer Patientinnen. Sucht man nach den Gründen für die sehr hohe Abbruchrate bei unspezifischer ambulanter Psychotherapie der BPS (ca. 75%), so dürfte sicherlich die emotionale Belastung der Therapeuten eine gewichtige Rolle spielen.

Hohe Therapie-abbrüche unter unspezifischen Behandlungs-bedingungen

Sowohl die empirischen Daten (Abbruchquoten in der DBT 20%-25%), als auch die klinische Erfahrung zeigen jedoch, daß es auch anders geht, wenn der Therapeut einige grundlegende Beziehungsmuster berücksichtigt:

● *Der Therapeut versteht sich als Coach*

Der Therapeut sollte sich als Trainer oder Coach verstehen. Das heißt, er orientiert sich zusammen mit der Patientin an einem übergeordneten Ziel und verpflichtet sich, zusammen mit der Patientin die Verantwortung für die Erreichung des Zieles zu übernehmen. Die Zielbereiche sollten vor Beginn der Therapie positiv und so konkret wie möglich formuliert werden (z. B. Lernen, Emotionen sinnvoll zu modulieren und zu steuern). Eine beliebte Metapher, die häufig zu Beginn der Therapie erzählt wird, ist die „Bergtour":

Therapeut übernimmt als Coach Verant-wortung für Verlauf und Ergebnis

Metapher „Bergtour"
„Wir stehen am Beginn einer längeren Therapie. Das ist wie vor einer schweren Bergtour und Sie sind wie eine Touristin, die zu einem erfahrenen Bergführer kommt, um ihn zu bitten, auf den Gipfel geführt zu wer-

Metaphern verwenden!

21

den. Der Bergführer erläutert die Schwierigkeiten der Tour, die Länge und die Anstrengungen, die auf sie beide warten. „Er sei erfahren", meint er, „er kenne den Weg, aber er wisse nicht genau wie das Wetter sich entwickle, wie die Eisverhältnisse seien und was sonst an unvorhergesehenen Dingen passieren könne. Er traue Ihnen zu, daß sie es schaffen könnten, sonst würde er sich nicht mit Ihnen auf den langen Weg machen." „Aber", und das schärft er Ihnen ein: „Ich kann sie nicht tragen. Ich werde Ihnen den Weg zeigen, ich werde ihnen vorangehen, aber laufen müssen Sie selbst. Und es wird Momente geben, da werden Sie meinen, keine Kraft mehr zu haben, da wollen Sie verzweifeln und aufgeben. Ich sage es Ihnen lieber gleich – Ich werde das nicht zulassen. Wenn wir zusammen losgehen, kommen wir zusammen an."

● *Der Therapeut benennt seine eigenen Emotionen*

Therapeut wirkt als authentisches Gegenüber

Der Therapeut bietet sich also als zielorientierter, engagierter und emotional greifbarer Partner an. Er sollte seine Gefühle sensitiv wahrnehmen und diese sehr früh auch benennen. Methoden wie „technische Neutralität und Gegenübertragungsdeutungen (Therapeut spürt Wut in sich aufsteigen und fragt „kann es sein, daß ein Teil von Ihnen sich bedroht sieht?") sollten besser unterlassen werden. Zu häufig reagieren Borderline-Patientinnen darauf verängstigt, fühlen sich nicht „gesehen" oder irritiert. Vielmehr sollte der Therapeut seine Emotionen als Reaktion auf die jeweiligen Verhaltensmuster der Patientin benennen: „Wenn Sie hier sitzen und seit 10 Minuten schweigen, dann werde ich unruhig und habe das Gefühl, ich bin hier überflüssig, liegt dies in Ihrer Absicht?" oder: „Wenn sie mir sagen, daß sie völlig verzweifelt sind, aber jedes Angebot von mir, Ihnen zu helfen, ausschlagen, so fühle ich mich ziemlich hilflos. Und wenn ich mich hilflos fühle, werde ich, wie die meisten Menschen, irgendwann wütend. Wollen Sie das wirklich bezwecken?"

Therapeut bezieht seine emotionale Reaktion auf manifestes Verhalten der Patientin

Der Therapeut benennt also zunächst seine eigene emotionale Reaktion, und beschreibt das gegenwärtige Verhalten der Patientin. Immer wieder betont er, daß zwar die Konsequenz eines Verhaltens nichts über die dahinterliegende Intention aussagt, daß aber dennoch das Verhalten von den Konsequenzen gesteuert wird! Also fragt der Therapeut, ob die Patientin die Reaktion des Therapeuten bezwecken will. Falls die Patientin bejaht, so werden die Gründe für den jeweiligen Konflikt herausgearbeitet. Falls die Patientin verneint, so fragt sich der Therapeut, ob es vielleicht an ihm selbst liege oder er schlägt der Patientin ein adäquateres Verhalten vor.

● *Der Therapeut achtet stärker auf die verbalen als auf die nonverbalen Signale*

Es konnte mittlerweile in einigen Studien zur mimischen Ausdrucksfähigkeit von Borderline-Patientinnen gezeigt werden, daß diese Patientinnen in

22

hohem Maße sensitiv sind, das heißt eine hohe Fähigkeit besitzen, emotionale Signale von außen adäquat zu dekodieren. Andererseits aber besteht eine erhebliche Diskrepanz zwischen ihrer subjektiven Befindlichkeit und ihrem jeweiligen mimischen Ausdruck. Emotionales Leid, starke Angst oder Wut gehen bisweilen mit einem milden Lächeln einher. Diese Diskrepanz ist den meisten Patientinnen nicht bewußt. Mitmenschen reagieren primär auf nonverbale Signale. Eine Suiziddrohung, die lächelnd oder neutral vorgetragen wird, löst kaum emotionale Reaktion beim Gegenüber aus. Die Patientin wiederum fühlt sich „nicht gesehen" und nicht ernst genommen. Abbruch der Beziehung, Enttäuschung oder Nachdrücklichkeit auf der Verhaltensebene sind mögliche Folgen. Vielleicht läßt sich das tiefgreifende, oft bis in die Kindheit reichende Gefühl des „anders" Seins, auf diese Interaktions-Störung zurückführen. Beziehungsklärung ist notwendig, jedoch bei weitem nicht hinreichend für den Therapieerfolg. Der Einsatz neuer Medien erspart viel Zeit und Mißverständnisse.

BPS-Patientinnen haben Schwierigkeiten, ihre wahrgenommenen Emotionen nonverbal zum Ausdruck zu bringen

- *Jede Stunde wird auf Video und Audio-Kassette aufgenommen*

Die Patientin wird angehalten, jede Stunden mit Hilfe der Audio-Kassette zu Hause nachzubereiten. Insbesondere sollte sie auf Passagen achten, während derer sie sich vom Therapeuten nicht verstanden gefühlt hatte. Sie wird ermuntert, nachzuprüfen, ob dies am Therapeuten lag, oder ob sie sich vielleicht nicht klar genug geäußert hatte. Diese Sequenzen können in der nächsten Stunden noch einmal angehört und bearbeitet werden. Auch die Video-Aufzeichnungen können zur Reflexion über die abgelaufenen Stunde herangezogen werden. Wir haben damit ausgezeichnete Erfahrungen gerade hinsichtlich der Beziehungsklärung gemacht.

Neue Medien anwenden

- *Der Therapeut sorgt gerade in der Anfangsphase für „Objektkonstanz"*

Borderline-Patientinnen haben häufig Schwierigkeiten, sich ein „inneres Bild" des Therapeuten zu vergegenwärtigen. Wenige Tage Distanz können zum Gefühl des völligen Verlustes führen. Viele Verhaltensmuster, die darauf zielen, den Therapeuten zu kontrollieren oder dessen Abwesenheiten zu verhindern, können mit dieser Angst erklärt werden. Es hat sich bewährt, den Patientinnen konkrete, sinnlich wahrnehmbare Objekte, die an den Therapeuten erinnern, zur Hand zu geben. Dies kann ein Bild sein, ein Parfum, ein Stein oder auch, und dies erscheint besonders wirkungsvoll, eine Audio-Kassette mit der Stimme des Therapeuten.

Überbrückung von Abwesenheit

- *Der Therapeut beachtet seine eigenen Grenzen*

„Wie spät kann man mich noch zu Hause anrufen? Wieviel Unsicherheit kann ich ertragen? Kann ich Stunden verlängern oder zusätzliche Stunden anbieten? Wieviel Angst um die Patientin kann ich aushalten? Wie reagiere ich auf Hochrisikoverhalten? Wie reagiere ich auf ein Geburtstagsgeschenk von der Patientin?" Jeder Therapeut wird diese Fragen zu unterschiedli-

Eigene Grenzen flexibel wahrnehmen und mitteilen

chen Zeiten, bei unterschiedlichen Patientinnen unterschiedlich beantworten. Dies ist normal. Wichtig ist lediglich, daß diese jeweiligen Grenzen für die Patientin transparent gemacht werden sollten. Ein häufiger Fehler besteht darin, zu spät auf seine Grenzen zu achten und zu lange Überschreitungen zu tolerieren, um dann in heftigen Gegenreaktionen zu münden.

- *Der Therapeut hilft der Patientin mit seinen Grenzen umzugehen*

Höchstmaß an Transparenz

Da diese jeweiligen individuellen Grenzen zumeist weder objektiv, noch im Sinne der Patientin sind, sollte dies auch so benannt werden. „Ich sehe, daß Sie im Augenblick nachts alleine starke Angst haben. Ich verstehe nur zu gut, daß Sie mich am liebsten jeden Abend anrufen würden um ein Stück Sicherheit und Realität zu erlangen. Nur, ich packe das zur Zeit nicht. Ich bin abends ziemlich müde und muß früh ins Bett, weil morgens die Kinder mich wecken. Wenn Sie mich einmal die Woche abends anrufen ist das in Ordnung, aber öfter... das würde meine derzeitigen Belastungsgrenzen überschreiten. Wie kann ich Ihnen denn helfen, mit dieser Angst umzugehen? Beschreiben Sie doch mal möglichst konkret, welche Skills ihnen in dieser Situation schon geholfen haben...“

- *Der Therapeut balanciert zwischen Akzeptanz und Drängen auf Veränderung*

Balance zwischen Akzeptanz und Veränderung

Emotionales Leid schreit nach Lösungen, nach rascher Beseitigung und Abhilfe. Häufig erweisen sich kurzfristige Bewältigungsversuche jedoch als dysfunktional, da sie das emotionale Leid nicht zu einer Lösung führen, sondern festschreiben. Der erste Schritt in die Veränderung eines aktivierten dysfunktionalen kognitiv-emotionalen Schemas ist immer die innere Distanz: „Ich bin nicht mein Gefühl, ich habe ein Gefühl – ist dieses Gefühl jetzt gerade angemessen oder nicht?“ Dieser Satz wird die ganze Therapie begleiten. Der erste Schritt zur inneren Distanzierung aber ist die Akzeptanz. Erst wenn ich anerkenne, daß die Situation jetzt so ist, wie sie ist und nicht anders, kann ich mich von ihr distanzieren und sie aktiv gestalten. „Dies ist jetzt eine Panikattacke.“ „Was kann ich tun, um mit auftauchender Angst adäquat umzugehen?“ Akzeptanz bedeutet nicht, die Situation gut oder negativ zu heißen, sondern schlicht deren Existenz festzustellen. Die DBT geht jedoch noch einen Schritt weiter. Unter „Akzeptanz“ beschreibt M. Linehan die „zentrale Bereitschaft des Therapeuten, den aktuellen Zustand als gegeben zu sehen und keine Verurteilungen, Schuldzuweisungen oder Manipulationen vorzunehmen. Diese Sichtweise des „bedingungslosen Annehmens“ wurzelt im Zen und kann der Patientin (und dem Therapeuten) vielleicht am besten mit einer kleinen Geschichte nahe gebracht werden:

Geschichte zur Verdeutlichung des „bedingungslosen Annehmens"

Diese handelt von einem sehr gläubigen Mann, der auf dem Dach eines Hauses saß, weil eine Flutwelle sein Dorf überspülte. Das Wasser war schon bis zum Dach gestiegen, als eine Rettungsmannschaft mit einem Ruderboot ankam. Sie versuchten mühsam, zu ihm zu gelangen und riefen ihm dann zu: „Komm, steig ins Boot!" Er antwortete: „Nein, nein, Gott wird mich retten." Das Wasser stieg höher und höher aufs Dach. Obwohl die Wellen hochschlugen, gelang es einem anderen Boot, sich bis zu ihm durchzuarbeiten. Auch diese Mannschaft bat ihn, ins Boot zu steigen und sich retten zu lassen. Er aber sagte wieder: „Nein, nein, nein, Gott wird mich retten. Ich bete, Gott wird mich retten!" Schließlich schaute nur noch sein Kopf aus dem Wasser. Da kam ein Hubschrauber geflogen. Er blieb über ihm in der Luft stehen, und man rief ihm zu: „Komm, das ist deine letzte Chance, steig ein!" Er aber sagte immer noch: „Nein, nein, nein, Gott wird mich retten!" Schließlich stieg das Wasser über seinen Kopf und er ertrank. Als er in den Himmel kam, beklagte er sich bitterlich bei Gott: „Gott, warum hast du mich nicht gerettet?" Und Gott sagte: „Das habe ich doch getan. Ich habe dir zwei Ruderboote und einen Hubschrauber geschickt."

- *Der Therapeut balanciert zwischen Einhaltung der Regeln und Flexibilität*

Von zwei Seiten droht der therapeutischen Arbeit Gefahr: Zeigt sich der Therapeut zu „weich", also zu flexibel und angepaßt an die jeweiligen Bedürfnisse der Patientin, so läuft er Gefahr, dysfunktionale Verhaltensmuster zu verstärken. Zeigt er sich zu rigide und starr, so läuft er Gefahr, die jeweiligen Bedürfnisse der Patientin zu übergehen und damit die Beziehung zu gefährden.

Beispiel

Eine Patientin berichtet ca. 5 Minuten vor Ende der Therapiestunde, daß ihr eine schwierige Begegnung mit ihrem Vater bevorstehe, daß sie sich dieser nicht gewachsen fühle, panische Angst vor Übergriffen habe und starken Drang spüre, sich zu suizidieren.

Zu rigides Verhalten:

„Das klingt sehr bedrohlich, dennoch muß ich auf die Einhaltung der Zeiten achten, ich hoffe, sie können daraus lernen und das nächste mal ein derart gewichtiges Problem früher ansprechen."

Zu flexibles Verhalten:

„Das klingt bedrohlich, ich finde es zwar unangemessen, daß sie das so spät erzählen, aber wir müssen uns jetzt die Zeit nehmen, eine Lösung zu finden."

Ausgewogene Balance:

„Das klingt bedrohlich, dennoch kann ich nicht einfach den Zeitrahmen sprengen. Ich habe um 14.30 Zeit für einen Telefontermin, den können sie wahrnehmen. Die Zeit, die wir zur Lösung des Problems brauchen, geht dann leider von ihrer nächsten Stunde ab, das hilft ihnen vielleicht, zentrale Probleme so zeitig anzusprechen, daß wir sie bearbeiten können."

● *Der Therapeut balanciert zwischen stützender und wohlwollend fordernder Haltung*

Balance zwischen Unterstützung und Forderung

Der Therapeut sollte abwägen, wann er der Patientin aktive Hilfestellung gibt, wann er also konkrete Lösungsvorschläge anbietet, oder gar selbst eingreifen sollte und wann diese Hilfe unnötig ist. Wenn immer möglich, sollte der Therapeut die vorhandenen Fähigkeiten der Patientin erkennen, adaptives Verhalten und Selbstkontrolle verstärken und sich weigern, in Situationen die Verantwortung zu übernehmen, in denen die Patientin selbst für sich sorgen kann.

Beispiel
Die Patientin berichtet, daß sie in der chirurgischen Ambulanz bei der Versorgung ihrer selbst zugefügten Schnittwunden sehr abfällig und geringschätzend behandelt worden sei. Man habe sie als „durchgedreht und irre" bezeichnet. Sie halte diese Demütigung nicht länger aus, der Therapeut solle in der Ambulanz anrufen und für adäquate Behandlung seiner Patientin sorgen.   *Balancierte Lösung:*   „Nun, ich kann spüren und nachvollziehen, wie sehr Sie diese Bemerkungen kränken. Ich glaube, mir ginge das genauso. Wenn man wehrlos ist, und der andere nützt seine Machtposition, um zu erniedrigen, dann fühlt man sich ohnmächtig und sucht Hilfe. Andererseits ist natürlich so eine unangenehme Konsequenz nach Selbstverletzung auch nicht schlecht – vielleicht, wenn Sie das nächste Mal daran denken, können Sie auf Skills zurückgreifen und die Selbstverletzung vermeiden? Gut, dennoch ... wie wünschen Sie denn von den Chirurgen behandelt zu werden? ... Und vor allem – wie können Sie selbst den Chirurgen das klar machen? Wie wär's wenn sie die Skills zur zwischenmenschlichen Effektivität nützen könnten ... und vielleicht üben wir das jetzt gleich mit einem Rollenspiel ...?"

● *Der Therapeut nützt seine Fehler*

Fehler sind nützlich

Die vielfältigen, komplexen und schwierigen Aufgaben in der Borderline-Therapie bringen es unausweichlich mit sich, daß der Therapeut Fehler macht. Der Umgang mit seinen eigenen Fehlern ist sicherlich ein besserer Indikator für gute Therapie als Perfektion. Worin der Fehler auch liegen mag: Vergessen von Vereinbarungen, zu rigides Verhalten, Ungeduld – manchmal genügt ein Lächeln zum falschen Zeitpunkt. Der Therapeut muß bereit sein, Fehler zu erkennen und unumwunden zuzugeben. Jeder Fehler birgt auch eine Möglichkeit – der Therapeut dient als Modell, wie man mit Fehlern umgeht: Zugeben und reparieren.

„lemonade out of lemons"

- *Der Therapeut ist optimistisch und ressourcenorientiert*

Die Arbeit mit Borderline-Patientinnen kostet Kraft. Am meisten Kraft kostet sie die Patientinnen. Der Therapeut sollte dies wissen, bestätigen und belohnen. Schon kleine Schritte sind für die Patientin oft harte Arbeit. Da die Patientinnen sich häufig mit anderen vergleichen und ihre eigenen Leistungen gering schätzen, hilft der Therapeut, die subjektive Relation anzuerkennen.

Subjektive Ressourcen herausarbeiten

Beispiel
„ ... Sie sagen, es ist keine besondere Leistung, morgens um acht pünktlich bei der Arbeit zu sein, die anderen schaffen es ja auch ... – und Sie sind sicher, daß die anderen ebenfalls Einschlafstörungen haben, von Alpträumen aufwachen, Antidepressiva nehmen und morgens im Bus beim Lesen der Bildzeitung Flashbacks bekommen ...? Kann es sein, daß Sie ihre Leistung da ein bißchen unterschätzen ...? Das erinnert mich daran, als ich neulich mal beschloß, wieder mit dem Joggen zu beginnen. Ich fragte einen Freund, mich zu begleiten. Der Freund war gut trainiert, er lief schon seit drei Jahren regelmäßig zweimal die Woche. Als ich das zweite Mal mit ihm lief, ich glaube es war so nach 5 km, da fühlte ich mich wie tot, ich konnte einfach nicht mehr, und mein Freund kam noch nicht mal ins Schwitzen ... Da dachte ich mir, ich bin die völlige Niete, weil ich so viel schlechter bin als mein Freund. Ja, dann hab ich wieder aufgehört, zu Joggen ... was vielleicht auch nicht so klug war, oder was meinen Sie?"

Selbst-Abwertungen der Patientin korrigieren

- *Der Therapeut versucht, widersprüchliche Beziehungsmuster auszubalancieren*

Wie oben ausgeführt, verfügen Patientinnen mit BPS in der Regel über mehrere sehr tiefgreifende, fest verwurzelte dysfunktionale Grundannahmen, die häufig zu widersprüchlichen Handlungsentwürfen oder „Plänen" führen. Der Grundannahme: „Ich kann alleine nicht überleben" steht beispielsweise die Grundannahme gegenüber: „Ich bin so schlecht und wertlos, daß ich alle anderen mit Abscheu erfülle". Die Beziehungspläne gestalten sich also einerseits als Suche nach Nähe und Geborgenheit, andererseits als Vermeidung von Nähe und „Gesehenwerden". Das Verhalten organisiert sich um die zwei Extrempole „Verschmelzung" und „absolute Einsamkeit". Das Gegenüber sieht sich wechselnd in anziehende und abstoßende Interaktionen verwickelt. Es scheint eine Besonderheit der psychischen Organi-

Widersprüchliche Beziehungsmuster

sation von Borderline-Patientinnen zu sein, daß diese kontroversen Schemata selten parallel, also zeitgleich aktiviert sind. Vielmehr handelt es sich um alternierende Aktivierung. Im ersten Falle, also bei zeitgleicher Aktivierung von etwa Nähe und Distanz, wäre allmählich mit einer Kompromißbildung, mit einem Einpegeln im erträglichen Bereich zu rechnen. Genau dies aber wird bei Patientinnen mit BPS durch eine oszillierende Aktivierung verhindert. Im Gegenteil – jeder Extrembereich muß nicht relativiert werden, da er sich sowieso in sein Gegenteil umkehrt und dadurch bestätigt.

Systemtheoretisch könnte man von aufschaukelnden, ungedämpften Schwingungen sprechen. Die Aufgabe des Therapeuten besteht darin, diese alternierenden Extrembereiche parallel, das heißt, möglichst zeitgleich zu aktivieren, um dadurch der Patientin Kompromißbildungen zu ermöglichen. „Dialektische Strategien", also Methoden, konstruktiv mit Widersprüchen zu arbeiten, haben sich dabei bewährt.

Beispiel

Eine Patientin bestürmt ihre Therapeutin, doch endlich mit „Trauma-Arbeit" zu beginnen. Sie habe das sichere Gefühl, daß nur die „Aufarbeitung ihrer Erinnerungen" ihr helfen würde, ihre „innere Leere" zu füllen. Als ihr die Therapeutin anbietet, zunächst einmal ein grobes Zeitraster zu erstellen, um zu strukturieren, welche Form von Traumatisierung zu welchem Zeitpunkt stattgefunden hat, beginnt die Patientin zu lächeln und meint: „Sehen Sie, ich habe sie angelogen, es ist gar nichts passiert, ich habe mir das nur eingebildet, sprechen wir über wichtigeres ..."

Möglichkeit 1:

„Also wollen Sie jetzt darüber reden oder nicht?! Wenn sie zuerst a) sagen und dann b) dann macht mich das ziemlich verrückt ..."

Möglichkeit 2:

„Gut, Sie wollten über Ihre traumatischen Erfahrungen berichten, jetzt sagen Sie, es ist gar nichts passiert. Es ist typisch für Menschen, die traumatisiert sind, daß hin und wieder die Erinnerungen verschwinden, dann aber wieder mit großer Wucht auftauchen. Erzählen Sie einfach weiter, was passiert sein könnte ..."

Möglichkeit 3:

„Gut, Sie wollten über ihre traumatischen Erfahrungen berichten, jetzt sagen Sie, es ist gar nichts passiert. Offensichtlich haben Sie zu große Angst, das jetzt anzupacken, und das sollten wir auch respektieren. Ich denke, wir sollten tatsächlich zunächst über näher liegende Dinge sprechen ..."

Dialektische Antwort:

„Gut, Sie wollten über ihre traumatischen Erfahrungen berichten, jetzt sagen Sie, es ist gar nichts passiert. Also besteht demnach wohl einesteils

---

28

ein starkes Bedürfnis, über diese Begebenheiten zu sprechen, andernteils auch das Bedürfnis, alles auszublenden. Offensichtlich sind diese beiden Anteile gegenwärtig gleich stark ... und beide haben ihre Berechtigung ..."

5.2 Behandlungsphasen

Der Ablauf der Behandlung gliedert sich in vier Phasen (vgl. auch Karte „Gliederung der Behandlungsziele"):

Vorbereitungsphase
1. Therapiephase: Schwere Probleme auf der Verhaltensebene
– Verbesserung der Überlebensstrategien (Umgang mit suizidalen Krisen)
– Verbesserung der Therapiecompliance (Umgang mit Verhaltensmustern, die die Fortsetzung oder den Fortschritt der Therapie verhindern)
– Verbesserung der Lebensqualität (Umgang mit Verhaltensmustern, durch welche die emotionale Balance schwer gestört wird)
– Verbesserung von Verhaltensfertigkeiten (Skills)
2. Therapiephase: Probleme mit Folgen von traumatischen Erfahrungen
– Verbesserung von Symptomen, die im Rahmen eines posttraumatischen Streßsyndroms auftreten
– Revision trauma-assoziierter Schemata
3. Therapiephase: Probleme der Lebensführung
– Integration des Gelernten und Neuorientierung

Ablauf der Therapie gliedert sich in vier Phasen

Die *Vorbereitungsphase* dient der Diagnostik und Informationsvermittlung über das Krankheitsbild und die Grundzüge der DBT sowie der Zielanalyse und Motivationsklärung. Anschließend folgt die *erste Therapiephase,* in der diejenigen Problembereiche bearbeitet werden, die in direktem Zusammenhang mit Verhaltensweisen wie Suizidalität, Gefährdung der Therapie oder schwere Beeinträchtigung der Lebensqualität stehen. In dieser Phase sollten vor allem die emotionale Belastbarkeit erhöht und damit die Voraussetzung für die *zweite Therapiephase* geschaffen werden. In dieser geht es um die Bearbeitung traumatischer Erfahrungen. Die Reihenfolge der Therapiephasen sollte unbedingt berücksichtigt werden. Innerhalb der Therapiephasen sind die zu bearbeitenden Problembereiche bzw. Therapieziele hierarchisch geordnet: Wann immer ein höher geordneter Problembereich auftritt, z. B. Suizidalität oder Parasuizidalität, muß dieser bearbeitet wer-

den. Die durchschnittliche Dauer der Behandlung in der ersten Phase be-
läuft sich je nach Schweregrad der Störung auf ca. ein Jahr.

5.2.1 Vorbereitungsphase

Themen der Vorbereitungsphase
– Aufklärung über das Störungsbild
– Klärung der gemeinsamen Behandlungsziele
– Klärung der Behandlungsfoki und Methodik der DBT
– Behandlungsvertrag, Non-Suizidvertrag
– Verhaltensanalyse des letzten Suizidversuchs
– Verhaltensanalyse des letzten Therapieabbruchs

Aufklärung über das Störungsbild

Nach Abschluß der Diagnostik folgt die Aufklärung über die spezifische
Charakteristik der Borderline-Störung. Da die Psychoedukation während
des gesamten Therapieverlaufes eine wichtige Rolle spielt, sollte der Begriff „Borderline-Störung" sehr früh genannt, die typischen Verhaltensmuster besprochen und das neuro-behaviorale Entstehungsmodell vermittelt
werden. Im allgemeinen erleben die Patientinnen das diagnostische Gespräch als entlastend.

Patientin wird umfassend über ihr Störungsbild informiert

Dennoch sollte vom Therapeuten auf eine mögliche kränkende „Etikettie-
rung" eingegangen werden:

Beispiel
Therapeut: „Nun, nach Abschluß der Diagnostik können die von Ihnen beschriebenen Probleme und Verhaltensmuster unter dem Begriff „Bor-derline-Störung" zusammengefaßt werden. Haben Sie die Diagnose schon mal gehört? Ich kann mir vorstellen, daß so eine Diagnose nicht nur Er-leichterung mit sich bringt, Borderline-Patientinnen haben ja einen aus-gesprochen schlechten Ruf."
Patientin: „... nun ja, ... besonders angenehm ist das nicht ..."
Therapeut: „... was verbinden Sie denn mit dem Begriff"?
Patientin: „nun ja ... ich weiß nicht ... man gilt dann als fies, es heißt, daß man manipuliert und sich verletzt, um Aufmerksamkeit zu bekommen."
Therapeut: „Genau, man sagt dann, daß sie ‚agieren', haben Sie das schon mal irgendwo gehört? ... Nun, das liegt daran, daß man lange Zeit

Stigmatisierung antizipieren

30

von diesem Störungsbild so gut wie nichts verstand. Das ändert sich jetzt erst langsam. Und wie immer, wenn Menschen sich hilflos fühlen und etwas nicht verstehen, dann beschuldigen sie zunächst die Betroffenen. Das war bei der Lepra so, bei der Schizophrenie und heute bei den Borderline-Störungen. Das ändert sich in dem Maße, wie wir beginnen zu verstehen, daß es sich bei der Borderline-Störung um ein Problem der Emotionsregulation handelt ..."

Klärung der gemeinsamen Behandlungsziele

Bereits in der „Vorbereitungsphase" erfordert die Klärung und Hierarchisierung der Behandlungsziele therapeutisches Geschick: Nach ihren individuellen Behandlungszielen gefragt, äußern Patientinnen mit BPS häufig globale und wenig spezifische Wünsche: *„Ich will mich besser spüren, ich halte diese starken Emotionen nicht mehr aus, ich will nicht mehr so abgrundtief alleine und einsam sein, ich möchte endlich wissen, wer ich bin, ich will die Flashbacks loswerden ... "*

Aufklärung über die hierarchische Organisation der Behandlungsziele

Zur Hierarchisierung der individuellen Behandlungsziele hat sich die „Zettelkasten-Methode" bewährt:

Zettelkasten
1. Der Therapeut bittet die Patientin, jedes einzelne Behandlungsziel auf eine Karteikarte zu schreiben. Auf der Vorderseite die negative Definition (z. B. „nicht mehr einsam sein"), auf der Rückseite die positive Beschreibung (z. B. „tragfähige Beziehungen aufbauen").
2. Der Therapeut bittet die Patientin die Karteikarten nach kurzfristig erreichbaren Zielen und langfristig erreichbaren Zielen zu sortieren.
3. Der Therapeut bittet die Patientin die Karteikarten nach Wichtigkeit zu sortieren.
4. Gemeinsam mit der Patientin werden nun diejenigen Karteikarten ausgesucht, die a) kurzfristig erreichbar und, b) von hoher Wichtigkeit sind.
5. Diese Karten werden in einen Umschlag mit der Aufschrift „6-Monatsplan" gesteckt.
6. Die anderen Karten werden in einen Umschlag mit der Aufschrift „2-Jahresplan" gesteckt.

Klärung der Behandlungsfoki und Methodik der DBT

Der Therapeut greift die individuellen Behandlungsziele der Patientin auf und vermittelt die dynamische Hierarchisierung der Behandlungsfoki so-

31

wie eine grobe Orientierung über die Methodik. Er erklärt die Notwendigkeit, suizidale Verhaltensmuster und Selbstschädigung vordringlich zu behandeln *("wenn Sie tot sind, können wir keine Therapie mehr machen"*, *"solange Sie über diesen hervorragenden Notausgang der Selbstschädigung verfügen, haben sie wenig Chancen, neue Verhaltensmuster zu erlernen"*). Weiterhin erklärt er den Begriff „Therapieschädigendes Verhalten" (*"darunter versteht man jedes Verhalten von mir oder von Ihnen, das den Fortschritt oder gar den Bestand der Therapie gefährdet."*). Er erklärt die Handhabung des Wochenprotokolls (siehe Anhang, S. 129), die Regeln zur Telephonberatung, die Modalitäten der Skills-Gruppe und die Zusammensetzung seiner Supervisionsgruppe. Es hat sich gezeigt, daß die Patientinnen insbesondere zu Beginn der Therapie oft Schwierigkeiten haben, regelmäßig in die Skills-Gruppe zu gehen. Mögliche Fehlzeiten und Konsequenzen sollten daher bereits in der Vorbereitungsphase vereinbart werden. *"... Ich halte es für unmöglich, ohne Skillsgruppe Einzeltherapie durchzuführen. Wir brauchen die Skills, die Sie in der Gruppe lernen, um sie in der Einzeltherapie umzusetzen."*

Aufklärung über die Handhabung der Wochenprotokolle

Teilnahme an den Skillsgruppen wird geregelt

Aufklärung über alle Regeln (Telefonkontakte)

Weiterhin klärt er über Vor- und Nachteile von Audio- und Video-Aufnahmen auf und holt sich die jeweiligen Einverständniserklärungen ein. Frequenz (max. 2 Stunden die Woche) und Dauer der Therapie wird festgelegt. Es hat sich als sinnvoll erwiesen, den Behandlungszeitrahmen zunächst auf ein Jahr festzulegen und eine Fortsetzung der Therapie an einen erfolgreichen Verlauf zu knüpfen. Hierdurch wird der latenten Angst der Borderline-Patientinnen entgegengewirkt, gerade im Falle eines raschen Therapiefortschrittes den Therapeuten zu verlieren. Schließlich ist noch zu klären, wer die medikamentöse Behandlung betreut und welche Klinik im Notfall als stationäre Einrichtung zur Verfügung steht.

Behandlungsvertrag, Non-Suizid-Vertrag und andere Regeln

Non-Suizidvertrag vor Beginn der Therapie schriftlich vereinbaren

Auch wenn es ein bißchen bürokratisch klingt, so hat sich doch der Abschluß eines schriftlichen Behandlungsvertrages zwischen Therapeut und Patientin bewährt. Ob man sich an der Vorgabe orientiert (siehe „Behandlungsvertrag", Anhang S. 128) oder einen individuellen Entwurf kreiert, in jedem Fall sollte schriftlich festgehalten werden, daß die Patientin sich verpflichtet, während des Behandlungszeitraumes unter keinen Umständen einen Suizidversuch zu begehen. In aller Regel stimmen Patientinnen mit BPS dieser Regelung nicht sofort zu. Folgende „Commitment-Strategien" mögen helfen:

Commitment-Strategien
1. Therapeut validiert die subjektive Not der Patientin und deren Wunsch, sich auch während der Therapie die Möglichkeit des Suizides offen zu halten. (... *"das kann ich verstehen, das wäre ungefähr so, wie*

wenn es brennt und ich würde Sie auffordern, den Notausgang zu schließen, bevor wir anfangen zu löschen.")

2. Therapeut arbeitet heraus, daß er persönlich die Sicherheit braucht, daß sich seine Patientin nicht suizidiert, da er sonst Angst habe und schlechte Therapie mache (Wahrnehmung der eigenen Grenzen).

3. Therapeut erklärt, daß Suizidversuche ansteckend sind und daß die Patientin in der Skills-Gruppe andere Borderline-Patientinnen kennenlernen wird. Durch den Suizidversuch einer Patientin sind alle Mitpatientinnen gefährdet (*„... jeder Suizid ist ein sozialer Akt, der enorme Konsequenzen für die Mitmenschen birgt."*)

4. Therapeut bietet alternative Hilfestellungen an: *„wir werden daran arbeiten, daß wir ein Notfallnetzwerk aufbauen, so daß Sie gegebenenfalls telephonisch Hilfe bekommen, wenn Sie Suizidideen entwickeln."*

5. Der Therapeut erklärt, daß die Patientin jederzeit über drängende Suizidimpulse berichten soll aber: *„ ... es klingt vielleicht banal, aber es ist ein erheblicher Unterschied, ob Sie darüber reden, daß Sie sich töten wollen, oder ob Sie bereit sind, dies zu tun."*

6. Therapeut besteht darauf, daß der Vertrag eine unerläßliche Bedingung für die Aufnahme der Behandlung darstellt. (*„ ... Es tut mir leid, auch wenn es wie eine Erpressung klingt, wenn Sie diesen Vertrag nicht unterschreiben, kann ich die Therapie nicht durchführen ... Ich bin Ihnen jedoch gerne behilflich, einen Therapeuten zu finden, dem es nichts ausmacht, wenn Sie sich suizidieren, wollen Sie das?"*)

Weitere Regeln:

– Nach einer Selbstverletzung sollte 24 Stunden kein Kontakt mit dem Therapeuten aufgenommen werden (24-Stunden Regel).

24 Stunden kein Therapeutenkontakt nach Selbstverletzung

– Alle anderen Therapien sollten vor Beginn der DBT beendet werden.
– Klinikeinweisungen sollten nur nach eingehender Rücksprache mit dem Therapeuten erfolgen.

Klinikeinweisung nur nach Rücksprache mit dem Therapeuten

Verhaltensanalyse des letzten Suizidversuches

Studien aus dem Bereich der Suizidologie haben gezeigt, daß die Wahrscheinlichkeit eines Suizidversuches mit der Anzahl der vorangegangenen Suizidveruche steigt. Häufig folgt er ähnlichen Mustern. Es empfiehlt sich daher bereits im Vorfeld der Therapie eine detaillierte Verhaltens- und Bedingungsanalyse des letzten Suizidversuches zu erstellen:

Verhaltensanalyse des letzten Suizidversuches

1. Welche Methode wurde gewählt (Intoxikation, Erhängen, Schienen, usw.)?

2. Woher stammen die Mittel (Sammeln von Medikamenten oder Gift ...)?

3. Wann genau entstand der Entschluß, sich zu suizidieren?

4. Was ging diesem Entschluß unmittelbar voraus (Ereignisse, Gedanken, Emotionen)?

5. Welche labilisierenden Umstände trugen zu dem Entschluß bei (Schlafstörungen, Depression, Dissoziation ...)?

6. Beschreiben Sie die unmittelbare emotionale Reaktion auf Ihren *Entschluß*, sich zu suizidieren (Verstärker!!).

7. Wieviel Zeit verstrich zwischen Ihrem Entschluß und dem Versuch, den Entschluß umzusetzen? Haben Sie Abschiedsbriefe geschrieben, telefoniert, haben Sie Maßnahmen zu Ihrer Rettung getroffen? (*Achtung:* Die Tatsache, daß Maßnahmen zur Rettung getroffen wurden, sagt nichts aus über die Gefährlichkeit eines Suizidversuches!)

8. Gab es Zweifel? Was haben Sie unternommen, um sich vom Suizid abzuhalten?

9. Was für Konsequenzen hatte der Suizidversuch (für Sie selbst, für Ihre Umwelt)?

10. Wie wahrscheinlich ist es, daß Sie unter ähnlichen Umständen erneut diesen Entschluß fassen?

11. Was können wir für Vorsichtsmaßnahmen treffen?

Verhaltensanalyse des letzten Therapieabbruches

Prädiktoren für Therapieabbruch herausarbeiten

Ähnlich wie Suizidversuche folgen auch Therapieabbrüche dem Gesetz der Wiederholung. Unter ähnlichen Bedingungen ist mit ähnlichen Reaktionen zu rechnen. Eine frühe Analyse der letzten Therapieabbrüche hilft beiden, Patientin wie Therapeut, rechtzeitig die drohenden Entwicklungen zu erkennen und gegenzusteuern. (... „ich habe das Gefühl, daß wir uns auf einem gefährlichen Weg befinden. Das letzte Mal haben Sie die Therapie abgebrochen, als Ihr Therapeut Sie aufgefordert hat, endlich eine Arbeit auf zu nehmen. Nun stehen wir an einem ähnlichen Punkt, ich setzte Sie da etwas unter Druck und kann mir vorstellen, daß Sie sich überlegen, das Ganze hinzuschmeißen ... Was können wir denn tun, um dies zu verhindern?")

Verhaltensanalyse des letzten Therapieabbruches

1. Wann und wie haben Sie Ihrem Therapeuten gesagt, daß Sie die Therapie abbrechen?

2. Wann hatten Sie sich dazu entschlossen?

3. Was ging dem Entschluß voraus – Ereignisse, Gedanken, Emotionen (Scham??!!)?

4. Wieviel Zeit verstrich zwischen Entschluß und Umsetzung?

5. Was unternahmen Sie, um den Entschluß noch einmal zu hinterfragen?

6. Was hat Ihnen geholfen oder hätte Ihnen geholfen, die Therapie fortzusetzen?

7. Was können wir tun, wenn Sie beginnen, mit dem Gedanken an Abbruch zu spielen?

5.2.2 Erste Therapiephase

In dieser Phase werden vorwiegend Problembereiche bearbeitet, die in direktem Zusammenhang mit Verhaltensweisen stehen, welche das Leben selbst, eine akzeptable Lebensqualität oder die Aufrechterhaltung der Therapie gefährden. Auch die Vermittlung relevanter Fertigkeiten zur Bewältigung von emotionalen Regulationsstörungen findet in dieser Phase statt.

Erste Therapiephase: Probleme der Verhaltensregulation und Bewältigung des täglichen Lebens

Folgende Fragen werfen sich auf:

1. Welches Problemverhalten soll der Therapeut zur Bearbeitung wählen *(Behandlungsfokus)*?

2. Welche Parameter bedingen das gewählte Problemverhalten *(Verhaltensanalysen)*?

3. Mit welcher Methodik sollten Veränderungen erzielt werden *(Interventionsstrategien)*?

4. Wie kann die Patientin motiviert werden, daran zu arbeiten *(Beziehung und Motivation)*?

Der Behandlungsfokus orientiert sich an einer hierarchisch organisierten Matrix. Die jeweils aktuell hochrangigsten Verhaltensmuster der Patientin werden bearbeitet. Handelt es sich um lebensgefährliche Verhaltensmuster, so fokussiert die Verhaltensanalyse die Situation unmittelbar vor dem Problemverhalten. Handelt es sich um ungefährlicheres Verhalten, so orientiert man sich eher am Beginn der Verhaltenskette. Die Behandlungsmethodik ergibt sich als logische Konsequenz der Verhaltensanalyse.

Abbildung 2 skizziert das Prinzip:

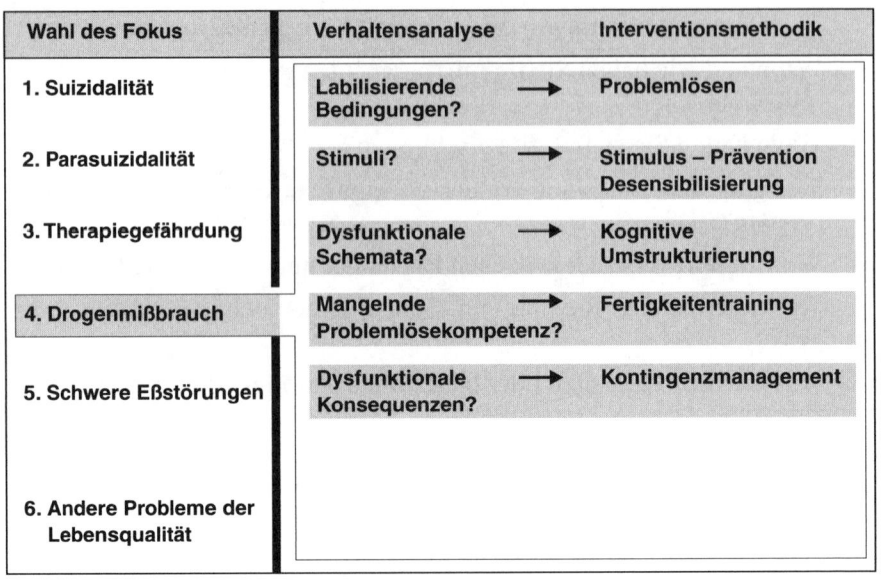

Wahl des Fokus	Verhaltensanalyse		Interventionsmethodik
1. Suizidalität	Labilisierende Bedingungen?	→	Problemlösen
2. Parasuizidalität	Stimuli?	→	Stimulus – Prävention Desensibilisierung
3. Therapiegefährdung	Dysfunktionale Schemata?	→	Kognitive Umstrukturierung
4. Drogenmißbrauch	Mangelnde Problemlösekompetenz?	→	Fertigkeitentraining
5. Schwere Eßstörungen	Dysfunktionale Konsequenzen?	→	Kontingenzmanagement
6. Andere Probleme der Lebensqualität			

Abbildung 2:
Auffaltstruktur der Behandlungsplanung

Die einzelnen Problembereiche und Unterbereiche sind ebenfalls hierarchisch gegliedert:

Hierarchie der Behandlungs-foki ist vorgegeben

Wahl des Behandlungsfokus
Suizidales und Parasuizidales Verhalten

1. Suizidales Krisenverhalten

2. Parasuizidales Verhalten

3. Massive Suizidimpulse, Suizidvorstellungen und Suiziddrohungen

4. Suizidgedanken, Erwartungen und Phantasien

Therapiegefährdende Verhaltensweisen

1. Verhaltensweisen, welche den Fortbestand der Therapie stark gefährden

2. Verhaltensweisen die den Fortschritt stören oder zum Burnout führen

3. Verhaltensweisen, die in direktem Zusammenhang mit suizidalem Verhalten stehen

4. Verhaltensweisen, die Ähnlichkeiten mit problematischen Verhaltensweisen außerhalb des therapeutischen Settings aufweisen

Verhaltensweisen, welche die Lebensqualität einschränken (z. B. Drogen, Eßstörungen etc.)
1. Verhaltensweisen, die unmittelbar zu Krisensituationen führen
2. Leicht zu verändernde Verhaltensweisen
3. Verhaltensweisen, die in direktem Zusammenhang mit übergeordneten Zielen und allgemeinen Lebensprinzipien der Patientin stehen
4. Verhaltensweisen, welche die Durchführung von Traumatherapie (Phase 2) behindern
Verbesserung von Verhaltensfertigkeiten
1. Fertigkeiten, die zeitgleich in der Gruppe vermittelt werden
2. Fertigkeiten, die in direktem Zusammenhang mit primären Behandlungsfoki stehen
3. Fertigkeiten, die noch nicht gelernt wurden

Suizidales und parasuizidales Verhalten

Die Suizidrate von Borderline-Patientinnen, die sich selbst verletzen, ist doppelt so hoch wie die derjenigen ohne selbstverletzendes Verhalten. Damit können parasuizidale Handlungen nicht nur als Prädiktorvariable für Therapieabbruch, sondern auch für einen Suizid gewertet werden. Die Behandlung von suizidalem Verhalten und Selbstverletzung hat Priorität innerhalb der hierarchisch gegliederten Therapiestruktur. Ziel ist die Reduktion von Selbstschädigungen, von Suiziddrohungen und Kommunikation über Suizidabsichten. Die DBT bietet ein umfangreiches Instrumentarium zur Einschätzung und Erfassung der Dringlichkeit suizidalen Verhaltens. Insbesondere ist zu unterscheiden, ob das Problemverhalten an auslösende Bedingungen gekoppelt ist, oder durch die nachfolgenden Konsequenzen aufrechterhalten wird. Die suizidale Krise einer Patientin, die im Haushalt eines Vaters lebt und über keine Möglichkeiten verfügt, sich gegen einen fortgesetzten Mißbrauch zu wehren, erfordert andere Interventionen als suizidales Verhalten, das primär eine verstärkte Aufmerksamkeit und Zuwendung des Therapeuten nach sich ziehen soll.

Modalitäten des letzten Suizidversuches genauestens erfassen

Behandlung von Suizidalität und Selbstverletzung hat Priorität

In der DBT wird (para)suizidales Verhalten grundsätzlich als inadäquates Problemlöseverhalten betrachtet. Dies kann einen Konflikt zwischen Therapeut und Patientin bedingen, wenn die Patientin ihr suizidales Verhalten als *Konsequenz* von zugrundeliegenden Problemen sieht, während der Therapeut dieses als *eigenständiges* Problem definiert. Borderline-Patientinnen betonen häufig, daß sie erst dann ihr selbstschädigendes Verhalten einstellen können, wenn ihnen das Leben lebenswert erscheint, d. h. wenn die dem suizidalen Verhalten zugrundeliegenden Probleme gelöst sind. Aus

Suizidalität und
Selbstverlet-
zung werden als
inadäquates
Problemlösen
eingestuft

Sicht der DBT hingegen wird suizidales und selbstschädigendes Verhalten als Bestandteil eines maladaptiven „Teufelskreises" verstanden. Dieses trägt zum einen zur Labilisierung des fragilen emotionalen Gleichgewichts bei, andererseits fungiert selbstschädigendes Verhalten als gelernte Reaktion zur Meidung negativ konnotierter Emotionen. Ohne eine Kontrolle dieses Verhaltens ist es kaum möglich, die Toleranz situationsadäquater Emotionen zu verbessern. *„Nur indem Sie lernen, nicht ständig sofort den Notausgang zu benutzen, werden Sie sich in die Lage versetzen, sich in Ihrem Gebäude langsam einzurichten."*

Wann immer also suizidale oder parasuizidale Handlungen auftreten, werden diese bearbeitet. Ein Übersehen bzw. eine unvollständige Verhaltensanalyse oder gar Akzeptanz gilt als therapeutischer Fehler. Die Verhaltensanalyse sollte dabei möglichst in Form einer Mikroanalyse durchgeführt werden. Das heißt, die Kette zwischen auslösendem Ereignis, darauf folgenden Emotionen, Kognitionen und Reaktionen sowie Konsequenzen sollte minutiös und schlüssig nachvollziehbar erfaßt werden. Die Bedrohlichkeit der suizidalen Situation strukturiert den weiteren therapeutischen Prozeß:

Bei lebensbe-
drohlichen
Verhaltensmu-
stern die
Situation
unmittelbar vor
Kontrollverlust
herausarbeiten
und Alternati-
ven erarbeiten

Je auswegsloser sich die Situation der Patientin darbietet, je weniger Alternativen sie zum Suizid sieht, desto stringenter ist an Verhaltensmustern zu arbeiten, die unmittelbar mit den Suizidideen in Verbindung zu bringen sind, also am Ende von dysfunktionalen Verhaltensketten stehen. Bei weniger bedrohlicher Symptomatik sollten Verhaltensmuster fokussiert werden, die am Anfang maladaptiver Verhaltensketten stehen. Grundsätzlich sollte der Therapeut versuchen, die derzeitige Sinnhaftigkeit des Problemlöseverhaltens herauszuarbeiten und die individuelle Not der Patientin wahrzunehmen. Der Vorwurf an die Patientin, sich „manipulativ" oder „agierend" zu verhalten, ist nicht hilfreich. Die DBT geht davon aus, daß eine solche Sichtweise des Therapeuten die subjektive Wahrnehmung der Patientin negiert und daher ihre pathogenetische Erfahrung wiederholt. Eine Steigerung der Symptomatik ist die logische Konsequenz. Wann immer es möglich ist, sollten Krisen genutzt werden, um die Problemlösekompetenz der Patientin zu verbessern. Nur in Situationen, die eindeutig die gegenwärtigen Fähigkeiten der Patientin übersteigen und vital bedrohlich erscheinen, sollte der Therapeut selbst aktiv, etwa in Form einer stationären Einweisung, intervenieren. Bei selbstschädigendem Verhalten ist dies in aller Regel nicht notwendig.

Therapiegefährdendes Verhalten

Unter diesem Begriff versteht man alle Verhaltensmuster von Patientinnen oder Therapeuten, die den Fortschritt der therapeutischen Entwicklung behindern, die Fortsetzung der Therapie gefährden oder, dies gilt insbesondere im stationären Bereich, den therapeutischen Rahmen sprengen. Die Verbesserung von Abbruchquoten herkömmlicher Psychotherapien mit Borderline-Patientinnen im ambulanten Bereich von 75% auf ca. 20% in der DBT sind sicherlich zu einem wesentlichen Teil darauf zurückzuführen, daß die DBT ein besonderes Augenmerk auf das rasche Erfassen und Korrigieren von therapiegefährdenden Verhaltensmustern legt. Marsha Linehan beschreibt zwei unterschiedliche Typen und betont, daß die sogenannten „sprunghaften Patientinnen" primär Schwierigkeiten haben, sich auf Therapien einzulassen, während die eher dependenten Patientinnen sehr rasch Beziehungen eingehen, diese dann auch halten, aber Schwierigkeiten haben, Unterbrechungen oder Unzuverlässigkeiten des Therapeuten zu tolerieren. Untersuchungen unserer Arbeitsgruppe mit dem „Inventory of Interpersonal Problems" (IIP; Horowitz et al., 1988) haben diese klinischen Erfahrungen bestätigen können. Bezüglich der interaktionellen Selbsteinschätzung kann man Borderline-Patientinnen klar in zwei Gruppen, „dependent-unterwürfige" und „autonom-dominante", unterteilen. Sicherlich erfordern diese beiden Subgruppen unterschiedliche Methoden zur Beziehungsgestaltung.

Verhaltensmuster, die die Fortsetzung oder den Fortschritt der Therapie beeinträchtigen

- *Therapiegefährdende Verhaltensweisen auf Therapeutenseite*

Eine Vielzahl von Belastungsfaktoren kann kompetentes therapeutisches Arbeiten erschweren: Persönliche Umstände, wie Belastungssituationen zu Hause und am Arbeitsplatz, zeitliche Überbeanspruchung, Unsicherheit bezüglich der eigenen Fähigkeiten, das Gefühl, die Kontrolle über die Therapiesituation zu verlieren, Angst vor juristischen Folgen, Angst oder Panik, daß die Patientin Suizid begehen könnte, unrealistische Einschätzung darüber, was in einem bestimmten Zeitraum erreicht werden könnte, Wut über Untätigkeit oder Frustration gegenüber der Patientin. Am häufigsten jedoch führt die Schwierigkeit des Therapeuten, den aktuellen Leidensdruck der Patientin zu ertragen, zu Fehlern. Versuche, diesen Leidensdruck rasch durch Zuwendung zu mindern, zieht häufig eine Verstärkung dysfunktionaler Verhaltensweisen nach sich. Neben allen Schwierigkeiten, die jeweiligen Balancen zu halten, zwischen Veränderung und Akzeptanz, Flexibilität und Stabilität, Sorge und Unterstützung und Forderungen nach autonomen Veränderungsschritten sind es aber insbesondere Verhaltensweisen, die mangelnden Respekt gegenüber der Patientin ausdrücken, die meist unabsichtlich und aus Gedankenlosigkeit begangen werden.

Beispiele für respektloses Therapeutenverhalten
1. Vergessen von Terminen,
2. Absagen von Terminen, ohne neue Termine zu vereinbaren,
3. Willkürliche Veränderungen von Vereinbarungen mit der Patientin ohne Rücksprache,
4. Keine oder verspätete Antwort auf Nachrichten oder Anrufe,

39

5. Verlieren von Unterlagen, Akten und Aufzeichnungen,

6. Aufzeichnungen oder Unterlagen der Patientin werden nicht gelesen,

7. Zuspätkommen zur Therapiestunde,

8. Unprofessionelles Auftreten oder Kleiden,

9. Unordentlicher oder unsauberer Arbeitsplatz,

10. Tür während der Sitzung offen stehen lassen,

11. Unterbrechungen durch Telefonanrufe oder Piepser zulassen,

12. Vermeidung von Augenkontakt,

13. Sprechen über andere Patientinnen,

14. Auf die Uhr sehen während der Sitzungen,

15. Vorzeitige Beendigung der Sitzung,

16. Sexistischer, patriarchalischer oder matriarchalischer Umgang.

● *Therapiegefährdende Verhaltensmuster auf seiten der Patientin*

Es werden drei Kategorien unterschieden:

– *Verhaltensweisen, die die Patientin daran hindern, die Therapie wahrzunehmen:* Fehlende Teilnahme, häufiges Zuspätkommen, unabgesprochene stationäre Klinikeinweisung, suizidales Verhalten oder Androhung von Suizid in Gegenwart von Personen, die berechtigt sind, die Patientin in eine Klinik einzuweisen, Einnahme von bewußtseinsverändernden Medikamenten vor der Sitzung, Abbruch der Sitzung vor dem Ende, psychogene Anfälle während der Sitzung usw.

– *Unfähigkeit oder Weigerung, in der Therapie mitzuarbeiten:* lügen, während der Sitzung nicht sprechen, sich während der Sitzung emotional zurückziehen, auf die meisten Fragen mit „ich weiß nicht" antworten.

– *Compliance-Probleme in der Umsetzung:* Nichteinhalten von Vereinbarungen, Wochenprotokolle werden nicht ausgefüllt, unvollständig ausgefüllt oder nicht mitgebracht, Hausaufgaben werden nicht gemacht, Teilnahme am Fertigkeitentraining wird verweigert.

● *Verhaltensweisen, die den Therapeuten überfordern*

Im gängigen Psychotherapieverständnis klingt dieser Passus zunächst etwas seltsam, sehen wir es doch als unsere Aufgabe als Therapeuten, den Patientinnen unter allen Umständen mit Rat und Tat zur Verfügung zu stehen und unsere eigenen Bedürfnisse und Befindlichkeiten weitgehend zurückzustellen. Die Arbeit mit Borderline-Patientinnen jedoch verzichtet weitgehend auf „technische Neutralität" und verlangt vom Therapeuten, sich als emotional authentisches Gegenüber zur Verfügung zu stellen. Da

Psychotherapeuten oder psychotherapeutische Settings während eines bestimmten Lebensabschnittes häufig die wichtigsten, manchmal auch einzigen sozialen Kontakte darstellen, erscheint es von hoher Bedeutung, daß diese sozialen Kontakte auch Modellcharakter für „normale und adäquate" zwischenmenschliche Kommunikation darstellen. Das heißt, Borderline-Patientinnen müssen lernen, ihre Therapeuten so zu behandeln, daß diese gern mit ihnen arbeiten. Umgekehrt müssen Therapeuten lernen, die Patientinnen dazu zu bringen, mit ihnen zu arbeiten. Die Patientin muß begreifen, daß es keine bedingungslose Zuneigung oder Liebe gibt, daß auch der hilfsbereiteste Mensch unter bestimmten Umständen dazu neigt, die Hilfe zurückzuziehen. Auch der Therapeut muß sich vergegenwärtigen, daß bedingungslose Liebe und Zuneigung eine wünschenswerte Illusion darstellen und daß alle Verhaltensmuster seinerseits, diese Illusion zu nähren, zu pathologischen Verhaltensmustern bei der Patientin führen werden. Einer der häufigsten Fehler der Therapeuten liegt darin, ein sehr langes Fehlverhalten der Patientin wohlwollend zu tolerieren, um schließlich „umzukippen" und die Patientin hart zu korrigieren oder anzugreifen.

Typisches Problemverhalten auf seiten der Patientinnen

– Zu häufige Anrufe beim Therapeuten,

– Hausbesuche beim Therapeuten, Kontaktaufnahmen mit dessen Familie,

– Lösungen für Probleme zu verlangen, die der Therapeut nicht lösen kann,

– Häufigere oder längere Sitzungen zu verlangen, als sie der Therapeut leisten kann,

– Sexuell provozierendes oder verführerisches Verhalten,

– Bedrohung des Therapeuten oder von Mitgliedern seiner Familie,

– Aggressives Auftreten während der Therapiestunde,

– Kritik an der Person oder Persönlichkeit des Therapeuten,

– Kritik an der Wertvorstellung, am Arbeitsplatz oder der Familie des Therapeuten,

– Fehlende Dankbarkeit oder Anerkennung gegenüber Anstrengungen des Therapeuten,

– Vergleiche des Therapeuten mit anderen Therapeuten, die als besser eingeschätzt werden.

Wann immer Verhaltensmuster auftreten, die eine Gefährdung des therapeutischen Fortschritts oder der therapeutischen Beziehung mit sich bringen, so sollte eine Verhaltensänderung auf seiten des Therapeuten, der Patientin oder auf beiden Seiten im Vordergrund der Therapie stehen.

Benennung des Verhaltens, Verhaltensanalysen mit detaillierter Bedingungs- und Konsequenzenanalyse, Lösungsvorschläge zur Veränderung des Verhaltens, Entwicklung eines Veränderungsplanes und eines Verstärkerplanes zur Veränderung des Verhaltens, rasche Rückmeldung, wenn sich das Verhalten verändert, wären die entsprechenden einzuleitenden Schritte.

Verhalten, das die Lebensqualität beeinträchtigt

Borderline-Patientinnen zeichnen sich häufig durch ein breites Spektrum von Verhaltensweisen aus, durch die ihre Lebensqualität stark beeinflußt bzw. vermindert wird: Ausgeprägte dissoziative Phänomene, Drogen- und Alkoholmißbrauch, Eßstörungen, finanzielle Probleme, gehäufte Diebstähle, antisoziales Verhalten (das zu Gefängnisstrafen führen kann), ausgeprägte Promiskuität oder die Vernachlässigung medizinisch notwendiger Behandlungen, um nur einige zu nennen. Sehr häufig liegen mehrere dieser Verhaltensmuster gleichzeitig vor, die einander zum Teil gegenseitig bedingen. Aufgabe des Therapeuten ist daher zunächst die Auswahl eines Problembereichs und des damit in Verbindung stehenden Therapiezieles. Die DBT schlägt eine Hierarchie bei der Auswahl der zu behandelnden Themen vor und präferiert dabei jeweils das bedrohlichste Verhalten. So werden Notfälle grundsätzlich vorgezogen, gefolgt von Verhaltensmustern, die funktionell eng mit hierarchisch höher geordneten Problembereichen verknüpft sind. Gilt Alkoholmißbrauch zum Beispiel als Prädiktorvariable für suizidales Verhalten, so ist der Umgang mit Alkohol in den Vordergrund zu stellen. Ansonsten gilt grundsätzlich die Regel, daß einfach zu lösende Problembereiche komplexeren oder schwierig zu lösenden Problembereichen vorzuziehen sind. Noch einmal sei darauf hingewiesen, daß die jeweils zu bearbeitenden Themen mit der Patientin abgestimmt sein müssen, daß es dann jedoch Aufgabe des Therapeuten ist, diese im Fokus zu halten. Zu Verhaltensmustern, die die Lebensqualität von Borderline-Patientinnen erheblich beeinflussen zählen auch die Folgen traumatischer Erfahrungen.

Drogen, Alkohol und Eßstörungen werden priorisiert

- *Reduktion von Reizen, die traumatische Erfahrungen aktivieren*

Das erste Ziel in der Vorbereitung auf Traumatherapie ist immer, alle auslösenden Reize zu beseitigen, die unkontrolliert alte traumatische Erfahrungen aktivieren. Da es sich um gebahnte neuronale Netzwerke handelt, die Sensitivierungsprozessen unterworfen sind, kann davon ausgegangen werden, daß jede Aktivierung die Reizschwelle für die nächste traumatische Reaktion senkt. Während der ersten Phase der DBT-Therapie sollten möglichst überhaupt keine traumatischen Inhalte besprochen, geschweige denn aktiviert werden, sondern zunächst Stabilisierung auf der Verhaltens- und Beziehungsebene angestrebt werden. Die Patientinnen werden angehalten, ein aktuelles, traumatisierendes soziales Umfeld möglichst zu verlassen und alle Situationen zu vermeiden, die als Schlüsselreize für traumatische

Zum Umgang mit trauma-assoziierten Problemen in Phase I der Therapie

Erfahrungen wirken können. Dies beinhaltet z. B. gegenwärtige Gewalterfahrung in der Partnerschaft, bei den Eltern, in der Nachbarschaft. Literatur oder Filme, die sich mit diesem Thema befassen, sollten vermieden werden, ebenso wie Betroffenen- oder Selbsthilfegruppen, in denen gutmeinend Inhalte traumatischer Erfahrungen berichtet werden. Weiterhin wird den Patientinnen geholfen, auf einer möglichst konkreten problemlösenden Ebene mit realen, also gegenwärtigen traumatischen Erfahrungen, umzugehen. Schließlich kann in gewissen Situationen ein aktives Eingreifen des Therapeuten in das real traumatisierende Umfeld nötig sein. Immer dann, wenn die Problemlösekapazitäten der Patientin überfordert sind, sie auch durch minutiöses Coaching des Therapeuten nicht in der Lage ist, gefährliche Situationen zu beenden, muß eventuell auch auf Behörden wie Jugendamt oder Polizei zurückgegriffen werden.

Schutz vor Traumaassoziierten Stimuli

Schutz vor ehemaligen und gegenwärtigen Tätern

Es ist grundsätzlich damit zu rechnen, daß der Beginn einer therapeutischen Arbeit durch die Patientin den ehemaligen Täter unter Druck setzen kann. Zum Teil hat dieser ja tatsächlich mit erheblichen juristischen und sozialen Konsequenzen zu rechnen, wenn das Opfer die bisherige Strategie des Schweigens ändert. Unsere klinische Erfahrung zeigt leider, daß die Drohungen der Täter sehr häufig die alten Emotionen aktivieren und die Patientinnen nicht nur in erhebliche Loyalitätsprobleme, sondern auch in (zum Teil nicht unbegründete) massive Angst stürzen.

Bisweilen werden nach oft jahrelanger Abstinenz wieder Kontakte aufgenommen, finden erneut Vergewaltigungen statt, die dann sehr schambesetzt sind und nicht berichtet werden. Es empfiehlt sich, vor Beginn der Therapie auf dieses Phänomen hinzuweisen, die Reaktionen ehemaliger Täter zusammen mit der Patientin abzuschätzen und im Vorfeld Bewältigungsstrategien zu entwickeln. Im Krisenfall hat es sich als hilfreich erwiesen, direkt nach neuen Täterkontakten zu fragen.

Antizipation von neuen Täterkontakten

- *Verbesserung der Regulation traumaassoziierter Emotionen*

Auch wenn die Beseitigung von Schlüsselreizen, die traumatische Erfahrungen aktivieren, das erste Ziel sein sollte, so ist doch für die Mehrzahl der betroffenen Patientinnen die Anzahl der Reize so überwältigend groß und vielfältig, daß es unmöglich ist, all diese Reize zu beseitigen, ohne extreme Einschnitte in das psychosoziale Umfeld vorzunehmen. Daher sollte als zweiter therapeutischer Schritt eine Verbesserung derjenigen Kompetenzen erreicht werden, die zu einer Steuerung traumaassoziierter Emotionen führen. Die DBT bietet hierzu zwei grundlegende Interventionen an. Erstens die Vermittlung von Skills wie „Achtsamkeit" und „Emotionsregulation" und zweitens Exposition gegenüber *gegenwärtig* relevanten Schlüsselreizen. Die Fertigkeiten zur Verbesserung der inneren Achtsamkeit (mindfulness skills) sind der Zen-Meditation entlehnt und mit den westlichen meditativen Techniken kompatibel. Primär geht es darum, die mentale Fertigkeit zu verbessern, aus aktivierten, emotional belastenden Schemata auszusteigen und sich auf einer neutralen, beobachtenden Ebene zu reorganisieren. Zudem wird die Wahrnehmung für psychische Befindlichkeiten geschärft, ohne in Bewertungs- und Interpretationsprozesse abzuleiten. Dies ist die Grundvoraussetzung für alle Fertigkeiten zur Emotionsregulation (siehe Seite 86). Bereits in Phase I werden Expositionsstrategien eingesetzt, um die Anfälligkeit für traumatische Assoziationen zu verringern und die Toleranz aversiver Emotionen zu verbessern (zur Methodik siehe Seite 52). Zur Vorbereitung auf die Traumatherapie gehört schließlich noch das Erlernen von antidissoziativen Techniken im Selbstmanagement (siehe Seite 55).

Fertigkeiten zur Regulation trauma-assoziierter Emotionen

Verbesserung von Verhaltensfertigkeiten

Obgleich die Vermittlung von Fertigkeiten zur Streßtoleranz, Emotionsmodulation, inneren Achtsamkeit und zwischenmenschlichen Kompetenz im Rahmen der Skills-Gruppe vermittelt werden, liegt die Generalisierung der Fertigkeiten, also deren Verknüpfung mit alltäglichen Problemen im Aufgabenbereich des Einzeltherapeuten. Er sollte also informiert sein über die gegenwärtigen Lerninhalte der Skillsgruppe und versuchen, der Patientin zu helfen, das Erlernte sofort umzusetzen. Da die Gruppe nach einem strukturierten modular aufgebauten Programm vorgeht, geschieht es häufig, daß die Patientin zur Lösung individueller, eventuell sehr wichtiger Problembereiche Fertigkeiten benötigt, die noch nicht in der Gruppe gelernt wurden. In diesem Fall wird der Einzeltherapeut die Fertigkeiten vermitteln, oder, wenn er sich dazu nicht in der Lage fühlt, sich mit dem Fertigkeitentrainer kurzschließen, um sein Wissen aufzubessern.

Einzeltherapeut integriert die erlernten Skills in den Alltag

5.2.3 Zweite Therapiephase: Probleme mit den Folgen von traumatischen Erfahrungen

Traumaspezifische Behandlungsziele der DBT

Das übergeordnete Ziel der DBT ist die Reduktion der *Folgen* traumatischer Erfahrung. Diese werden als Verhaltensmuster definiert und können sich auf der neurophysiologischen, emotionalen, kognitiven oder der Handlungsebene zeigen.

„Goldene Regel der Trauma-therapie"

> **Beachte:** Das Ziel der Traumatherapie heißt also nicht, Vergessenes wieder zu erinnern oder zu „integrieren", sondern die Erfahrung zu machen, daß die traumatischen Ereignisse der Vergangenheit angehören und daß traumaassoziierte Stimuli in neuem Kontext einen anderen Sinnzusammenhang eröffnen.

Die Patientinnen sollten also zunächst lernen, sich vor Situationen zu schützen, die *unkontrolliert* traumatische Erinnerungen wachrufen. Sie sollten weiterhin lernen, Emotionen oder Spannungsphänomene zu regulieren, die durch Aktivierung von traumatischen Erinnerungen ausgelöst werden. Da in aller Regel negative Selbstkonzepte und dysfunktionale Grundannahmen mit der traumatischen Erfahrung verknüpft sind, sollten diese kognitiven Schemata verändert werden. Und schließlich sollten wichtige Ressourcen wie Ärger oder Wut, die bislang von traumaassoziierten Schemata gebunden waren, das heißt, nicht mit dem Selbstbild der Patientin vereinbar waren, zur Verwirklichung eigener Ziele und Pläne genützt werden:

Traumaspezifische Behandlungsziele der ersten Behandlungsphase
– Reduktion von Reizen, die traumatische Erfahrungen aktivieren
– Verbesserung der Regulation traumaassoziierter Emotionen
– Behandlung automatisierter dissoziativer Phänomene
– Umgang mit Flashbacks

Traumaspezifische Behandlungsziele der zweiten Behandlungsphase
– Revision der traumaassoziierten Schemata
– Verbesserung der Reiz-Diskriminierung und Kontext-Assoziation
– Nutzung Ich-syntoner Kompetenzen und Ressourcen

Da Traumaarbeit, das heißt die Revision traumaassoziierter Schemata, grundsätzlich einen belastenden und schwerwiegenden Eingriff in die psychische Struktur eines Menschen bedeutet, sollten nach Abschluß der Phase I folgende Voraussetzungen gegeben sein:

Voraussetzungen für Traumatherapie in Phase II
– Die Frage der Suizidalität sollte eindeutig geklärt sein.
– Die Patientin sollte in der Lage sein, ihre Emotionen zu modulieren. Das heißt, sie sollte wissen, wie sie mit Wut, Scham, Schuld, Haß und Angst umzugehen hat, ohne daß diese Affekte zu dysfunktionalen Handlungen führen.
– Sie sollte keine selbstschädigenden Verhaltensmuster mehr zur Spannungsreduktion einsetzen.
– Der Therapeut sollte spezifisch ausgebildet und erfahren sein.
– Die zentralen Fragen der (Über-)Lebensqualität sollten gelöst sein (keine real traumatisierende Umgebung, Drogen und Alkohol, tragende soziale Kontakte, stabilisierende Freizeitaktivität usw.).
– Die Patientin sollte im Selbstmanagement dissoziative Phänomene revidieren können.

- Der Therapeut sollte wissen, wie schwere somatische dissoziative Phasen (Freezing-Phänomene) während der Therapie beendet werden können.

Modifikation der traumaassoziierten Schemata

Beachte: Zu den traumaassoziierten Schemata gehören Kognitionen, Emotionen, sensorische Wahrnehmungen, physiologische Reaktionsmuster und Handlungsentwürfe, deren Entstehung und Aufrechterhaltung entweder direkt mit dem Trauma oder mit der Bewältigung des Traumas verknüpft sind.

Traumaassoziierte Schemata beeinflussen das Erleben in drei Dimensionen: entweder indem sie a) aktiviert sind *(schemakonformes Verhalten)*, indem b) eine Aktivierung des Schemas vermieden wird *(Vermeidungsverhalten)*, oder indem c) ein zweites, häufig konträres Schema aktiviert wird *(Schema-Kompensation)*.

Beispiel

Eine aus einfachen Verhältnissen stammende Patientin, wurde von einem sadistischen Vater einerseits sexuell mißbraucht, andererseits verhöhnt, indem er sie zwang, sich vor der grölenden Verwandtschaft zu entblößen und dabei abfällige Witze über ihre Brüste riß. Beklagte sie sich bei der Mutter, so wies diese die Tochter darauf hin, daß sie „so häßlich sei, daß man jemanden zahlen müsse, damit er sich ihrer erbarme". Die Betroffene entwickelte ein traumaassoziiertes Schema das die Vorstellung der absoluten Wertlosigkeit, Dummheit und Häßlichkeit mit dem tiefgreifenden Gefühl der Scham und Ohnmacht verknüpfte. Dank gut ausgeprägter intellektueller Fähigkeiten, Leistungsbereitschaft und Ausdauer schloß sie ein Hochschulstudium mit Promotion ab und erarbeitete sich eine exponierte Position im öffentlichen Bereich. Im Beruf galt sie als selbstsicher, ehrgeizig, kompetitiv und äußerst gewissenhaft. Trotz des erheblichen Einsatzes war ihre berufliche Entwicklung jedoch permanent gefährdet, da jede öffentliche Kritik an ihrer Leistung von ihr sofort als Bloßstellung und Demütigung attribuiert wurde, ja tiefste Scham und Selbstwertzweifel aktivierte, die zu schweren Selbstverletzungen und Suizidversuchen führten. Wohnortwechsel und verstärkte Leistung führten jedoch immer wieder zur Stabilisierung. Als Schlüsselreiz für die Aktivierung des traumaassoziierten Schemas benannte sie selbst das Gefühl der Ohnmacht. Eine Phase der unerwiderten Verliebtheit führte schließlich zu einer schweren Krise und in Folge eines Suizidversuches zur Aufnahme in die geschlossene Abteilung einer psychiatrischen Klinik. Dies wiederum empfand sie als zutiefst demütigend, jede Visite führte ihr ihre Wertlosigkeit vor Augen, so daß sie sich unfähig sah, ihre bisher erfolgreichen leistungsorientierten Kompensationsmechanismen zu aktivieren. Der Aufenthalt zog sich über ein Jahr hin, die Patientin wurde nach mehreren Suizidversuchen als mehr oder minder aussichtsloser Fall entlassen, um sich nach vier Wochen an einem neuen Wohnort in einer Spitzenstellung wieder zu finden.

Als schemakonformes Verhalten würde man in diesem Fall alle Prozesse verstehen, die während der Aktivierung des traumaassoziierten Schemas auftreten und dieses stabilisieren: Der plötzliche Zusammenbruch des Selbstwertgefühls, ein ausgeprägter Haß auf den eigenen Körper, insbesondere auf ihre Weiblichkeit, ein tiefsitzendes, für sie nicht zu begründendes Gefühl der Scham, die Tendenz, sich zurückzuziehen und öffentliche Sitzungen zu meiden, sowie paranoide Fehlinterpretationen wohlmeinender Kollegen.

Schemakonformes Verhalten

Vermeidungsschema meint alle Bemühungen, traumaassoziierte Prozesse zu vermeiden. Also ihre Scheu vor öffentlichen Besprechungen oder insbesondere Konstellationen, in denen sie sich ungerecht behandelt oder ohnmächtig fühlte. So verzichtete sie trotz hoher Sehnsucht nach Nähe und Geborgenheit schließlich auf Liebesbeziehungen, da jede Abweisung von ihr als Ohnmacht und damit schema-aktivierend erlebt wurde.

Vermeidungsschema

Der Begriff „Vermeidungsschema" meint jedoch auch und vor allem Affekte und Charaktereigenschaften wie Aggressivität, Triebhaftigkeit oder Kontrollverlust, die ursprünglich dem Täter zugeschrieben werden. Diese, dem Täter zugeordneten Schemata können durch eigene, also bei sich selbst wahrgenommene Affekte aktiviert zu werden. Eine erwachsene Frau, die gekränkt wird, sich daher ärgert und beginnt, wütend zu werden, aktiviert durch diese Wut ein traumaassoziiertes Schema und ordnet diese (adäquate) Wut dem Täter zu. „Jemand, der wütend ist wie ich, der ist auch unkontrollierbar, triebgesteuert und sexuell verletzend." Dieses Täterschema ist in aller Regel nicht mit dem Selbstbild der Patientin vereinbar. Infolge dieser Differenz – „Ich bin nicht so, wie es meinem Selbstbild entspräche" – entsteht starke Scham. Was nicht unbedingt ein hilfreicher Affekt bei aktuellen zwischenmenschlichen Auseinandersetzungen ist.

Täterschema ist in aller Regel nicht mit dem Selbstbild vereinbar

Das zentrale Problem der Schemavermeidung ist also die Absorption primär adäquater Affekte, die der Patientin nun nicht mehr zu Steuerung ihrer zwischenmenschlichen Interaktion zur Verfügung stehen, und die Scham, die als wichtigster Indikator für Therapieabbruch zu werten ist.

Eine dritte Möglichkeit, belastende Schemata zu vermeiden, besteht in der Aktivierung konträrer, also stark gegensätzlicher und damit stabilisierender Schemata. In der Psychoanalyse wurde dieser Prozeß als „Reaktionsbildung" beschrieben, auch W. Reich definiert den „Charakterpanzer" als kompensativen Mechanismus zur Stabilisierung von Ich-Schwäche.

Kompensatorische Schemata

47

In obigem Beispiel hieße dies die Aktivierung ausgeprägter Leistungsbereitschaft, die einerseits soziales Prestige und Stabilisierung des Selbstwertgefühls zur Folge hatte, andererseits dazu führte, daß sie sich zwang, nächtelang zu arbeiten und keine Rücksicht auf eigene Grenzen oder Ressourcen zu nehmen.

Diese kompensatorischen Schemata wirken häufig überzogen, einer sozialen Feinabstimmung schlecht zugänglich und eignen sich nicht dazu, die primären dysfunktionalen Schemata auszubalancieren. Vielmehr handelt es sich meist um „Alles oder Nichts"-Aktivierungen. Das heißt, entweder das dysfunktionale Schema ist aktiviert und bestimmt weitgehend die Informationsprozessierung oder das kompensatorische Schema, das stets in Gefahr schwebt, zusammenzubrechen.

Zur Bearbeitung traumaassoziierter Schemata stehen mehrere Methoden zur Verfügung, grundsätzlich sollte der Therapeut jedoch darauf achten, daß alle Schritte für die Patientin transparent und nachvollziehbar erscheinen.

Aus didaktischen Gründen kann die Phase der Schemamodifikation unterteilt werden in Strategien zur Schemaidentifikation und Veränderungsstrategien.

Schemaidentifikation

Alle Methoden zur Klärung und Abgrenzung von dysfunktionalen kognitiv/ emotionalen Netzwerken

Unter dieser Kategorie subsummiert man alle therapeutischen Methoden, die zur Klärung und Abgrenzung von vernetzten dysfunktionalen kognitiv/ emotionalen Reaktionsmustern führen, ohne diese zu verändern. Bereits dieser Prozeß ist schwierig, da die Patientin ja fest davon überzeugt ist, daß ihre Sichtweise der Dinge die einzig wahre ist. Jede Relativierung durch den Therapeuten bedroht die Kontrollkompetenz des Patienten, so daß immer wieder die subjektive Stimmigkeit betont werden muß (Validierungstechniken). Eine detaillierte Beschreibung der diversen Methoden würde den Rahmen dieses Buches sprengen, Zielsetzung ist es jedoch in jedem Fall, die Patientinnen über ihre Grundannahmen und Schemata weitreichend zu informieren. (Weiterführende Literatur: Beck, 1999).

Die Patientin sollte folgendes wissen:
– Jede Grundannahme ist eine Annahme. Sie muß nicht unbedingt wahr sein.
– Sie kann ganz oder weitgehend falsch sein, obwohl der Patient sehr davon überzeugt ist und „sein Gefühl" ihm sagt, daß sie stimmt.
– Da es sich um eine Annahme handelt, kann man sie überprüfen.

- Sie hat ihre Wurzeln in der Kindheit. Als der Patient anfing, daran zu glauben, war sie möglicherweise richtig.

- Sie wird durch Schemata aufrechterhalten, die dafür sorgen, daß der Patient Informationen, welche die Grundannahme stützen, sofort akzeptiert, während er widersprüchliche Information ignoriert und abwertet.

- Patient und Therapeut können im Laufe der Zeit gemeinsam diverse Strategien einsetzen, um die Annahme zu verändern, so daß der Patient sie realistischer sehen kann.

Die Wahl der Methodik, Schemata, Grundannahmen oder „Pläne" (Caspar, 1996) zu identifizieren, richtet sich den jeweiligen Gegebenheiten und Kompetenzen des Therapeuten. Grundsätzlich steht ein breites Repertoire zur Verfügung:

Schemaidentifikation
- Verhaltensanalysen
- Kognitive Techniken
- Imaginationsübungen
- Deutung von Übertragungs-/Gegenübertragungsprozessen
- Gestalttechniken etc.

In der Praxis mit Borderline-Patientinnen hat es sich bewährt, sich zunächst an manifesten, das heißt im Alltag, oder der therapeutischen Interaktion sichtbaren, Strategien zu orientieren, die die Patientin aufwendet, um schemakonform zu handeln oder zu interpretieren. Im zweiten Schritt findet die Benennung der Grundannahme statt.

Beispiel: Die Patientin reagiert auf Verspätung des Therapeuten mit devoten Verhaltensmustern. Dies sollte als Strategie benannt werden, die sich aus dem automatischen Gedanken speist: „er wird mich verlassen", dieser Gedanke wiederum basiert auf der Grundannahme: „Ich bin nicht liebenswert, ich habe es nicht verdient, daß sich jemand um mich kümmert."

Schemamodifikation

Voraussetzung für die Veränderung von traumaassoziierten Schemata ist, daß diese aktiviert sind. Klärungsprozesse zu deren Entstehungsgeschichte oder rationale Reflexionen über den Inhalt dieser Schemata bereiten den Boden für Umstrukturierung, verbessern die Motivation sowie Vertrauen in die Kompetenz des Therapeuten.

Schemamodifikation sollte immer mit Validierung der persönlichen Erfahrungsgeschichte beginnen

49

Gradmesser für die Aktivierung von dysfunktionalen Schemata sind die zugehörigen aversiven Affekte wie Angst, Scham, Schuld oder Haß. Es erscheint daher verständlich, wenn die Patientin versucht, die Aktivierung der Schemata zu vermeiden, bzw. den Therapeuten für die aversiven Emotionen verantwortlich zu machen und Konflikte innerhalb der therapeutischen Beziehung zu initiieren. Entscheidend für das Gelingen von Modifikationsprozessen in dieser Phase ist also die *aktive* Beziehungsgestaltung von seiten des Therapeuten. Es liegt in seiner Verantwortung, der Patientin die Scham erträglich zu machen, ihr zu helfen, die entstehende Angst auszuhalten, Wut und Haß abzureagieren, ohne in die alten, dysfunktionalen Verhaltensmuster auszuweichen.

Grundsätzlich steht wiederum ein breites Repertoire an Methoden zur Verfügung:

Schemamodifikation
– Kognitive Umstrukturierung
– Reizexposition
– Imaginierte Dialoge
– Karthartische Erfahrungen
– Interpersonale Erfahrungen
– Verhaltensexperimente

Kognitive Umstrukturierung

Für viele Borderline-Patientinnen ist die kognitive Umstrukturierung Mittel der Wahl auch in der Phase der Traumatherapie. Der Vorteil liegt in einer dosierten Affektaktivierung und damit guten Steuerbarkeit durch den Therapeuten. Dieser beginnt in aller Regel damit, daß die kognitiven Anteile der Schemata, also die Grundannahmen möglichst genau benannt werden: *„Ich bin zutiefst schlecht, es geschieht mir recht, was mir widerfahren ist, ich bin selbst Schuld daran."* Anschließend sollte der Therapeut die sich daraus ableitenden schemagesteuerten Regeln und automatischen Gedanken identifizieren: *„Ich habe kein Recht auf anständige Behandlung durch Mitmenschen.", „Ich darf am Arbeitsplatz keine Forderung stellen, es ist vielmehr eine Gnade, daß man mich arbeiten läßt.", „Ich darf mich meinem Partner nicht sexuell verweigern ..."* Im nächsten Schritt werden alle Argumente gesammelt, die *für* diese Grundannahmen sprechen: *„Ich bin bereits zweimal von meinem Partner verlassen worden.", „Mein jetziger Partner vergewaltigt mich und schlägt mich, wenn er betrunken ist.", „Auf der Straße sehen mir die Leute an, daß ich wie eine Nutte bin.", „Manchmal habe Lust daran, sexuell erniedrigt zu werden.", „Ich habe seit Jahren keine Gehaltserhöhung*

Vorteil der
kognitiven
Umstruktu-
rierung liegt in
der feinen
Dosierung der
emotionalen
Belastung

Benennung der
Grundannah-
men (GA)

50

bekommen.", „*Jetzt habe ich Knoten in der Brust, das wird Brustkrebs sein*".
Dies sind nur einige Beispiele. Der Therapeut sollte sich viel Zeit damit lassen, ein möglichst vollständiges Inventar von Evidenzen für die Stimmigkeit der Grundannahmen zu erstellen. Es ist durchaus wirkungsvoll auf seine eigenen Emotionen zu achten, die bei der Auflistung dieser oft erschlagenden Argumente entstehen. Sie sollten frei verbalisiert werden. „*Wenn ich mir das alles anhöre, zieht es mir den Boden unter den Füßen weg, das müssen sie Tag für Tag aushalten?*" Nun beginnt der Therapeut vorsichtig, die Argumente kritisch zu hinterfragen. Er sollte sich hüten, direkt mit Zweifeln zu konfrontieren, statt dessen der Patientin helfen, die apodiktische Sicherheit der Argumente zu hinterfragen (geführte Entdeckung).

Patient sucht alle Evidenzen für die Stimmigkeit der GA

Beispiele
Therapeut: „Sie sind sich also sicher, daß Sie es verdient haben, wenn ihr Mann Sie schlägt?"
Patientin: „Ja, sicher."
Therapeut: „Schlägt er Sie denn jeden Tag?"
Patientin: „Nein, nur wenn er betrunken ist."
Therapeut: „Also ist es Ihre Schuld, wenn er sich betrinkt?"
Patientin: „Vielleicht."
Therapeut: „Könnte es noch einen anderen Grund geben, daß er sich betrinkt?"
Patientin: „Ja, immer wenn er mit seinem Kegelverein weg ist."
Therapeut: „Sind Sie schuld, daß er mit seinem Kegelverein weggeht?"...
Therapeut: „Sie sind sich also sicher, daß die Leute auf der Straße Ihnen ansehen, daß Sie eine Nutte sind?"
Patientin: „Ja, das merke ich, es gibt Tage, da traue ich mich gar nicht aus dem Hause"...
Therapeut: „Wer sieht Ihnen denn das an, alle Leute?"
Patientin: „Manche gucken so komisch."
Therapeut: „Also manche gucken komisch und andere nicht? Und Sie wissen genau, was die sich denken?"
Patientin: „Ja, die sehen mir das an ..."
Therapeut: „Könnte es vielleicht noch andere Gründe haben, daß die komisch gucken?"
Patientin: „Ja, vielleicht ..."
Therapeut: „Was könnten denn das für Gründe sein?"
Patientin: „Hm ... weiß nicht ..."
Therapeut: „Könnten Sie das nächste Mal genau aufpassen, von wievielen Leuten auf der Straße Sie die Gedanken lesen können?"

Geführte Entdeckung

Eine weitere Methode besteht darin, die Entstehungsgeschichte der Schemata in die Kindheit zu verfolgen, um mit der Patientin anschließend zu bearbeiten, welche Gesetzmäßigkeiten aus dieser Zeit auch heute noch zählen. Imaginative Dialoge mit dem „Kind von damals aus der Perspektive der heutigen Erwachsenen" können hier helfen.

Der Therapeut sollte nun versuchen, mit der Patientin reale Argumente zu finden, die gegen die Kognitionen des frühen Schemas sprechen: *„An meinem Arbeitsplatz bin ich beliebt, die letzte Kündigungswelle habe ich überstanden, es gibt einen sehr netten Kollegen, der mich manchmal auf einen Wein einlädt ..."*

Zunächst verteidigt der Patient seine GA

Vorteile der GA herausarbeiten

Ausnahmen suchen

Jetzt eröffnet sich die Möglichkeit einer Art Rollenspiel „Verteidige das Schema": Der Therapeut bringt reale Gegenargumente, die Patientin darf mit allen Argumenten, die sie findet, das Schema verteidigen. Anschließend werden die Rollen getauscht. Schließlich entwirft die Patientin mit Hilfe des Therapeuten ein realistisches, der Gegenwart entsprechendes „Gegenschema": *„Ich bin ein wertvoller Mensch mit guten und schlechten Seiten.", „Ich habe Stärken und Schwächen wie jeder Mensch."*

Neue Verhaltensexperimente

In wöchentlichen Hausaufgaben und Verhaltensexperimenten werden Argumente für die neue und gegen die alte Grundannahmen gesammelt und besprochen. Wann immer sich innerhalb der therapeutischen Beziehung Interaktionsmuster entwickeln, die von alten Schemata gesteuert sind, sollten diese sofort aufgegriffen werden.

Expositionsverfahren

Expositionsverfahren beruhen auf dem Modell der Habituation, das heißt, der Abnahme von physiologischen oder emotionalen Reaktionen bei wiederholter Konfrontation mit gleichbleibenden Reizen. Auf wissenschaftlicher Ebene ist die Wirksamkeit dieses Verfahrens bislang ausschließlich für die Emotion Angst belegt. Es gibt keine Untersuchungen, ob diese Methodik auch bei Emotionen wie Scham, Wut oder Schuld funktioniert. An dieser Stelle muß daher noch einmal betont werden, daß derzeit keine Daten zur Wirksamkeit von Expositionsverfahren bei Patientinnen mit früher Traumatisierung bei Borderline-Symptomatik vorliegen. Die meisten Praktiker arbeiten derzeit mit sehr genau ausgewählten Patientinnen, so daß zum gegenwärtigen Stand der Forschung davor gewarnt werden muß, vorschnell einzelne klinische Erfolgsberichte zu generalisieren. Da jedoch viele Therapeuten beginnen, diese Verfahren anzuwenden, sollen die Grundlagen hier skizziert werden:

Derzeit liegen keine Daten zur Wirksamkeit von Expositionsverfahren bei traumatisierten Borderline-Patientinnen vor

Die wohl verbreitetste Technik zur Revision traumaassoziierter Schemata ist gegenwärtig die Reizexposition, die nun jedoch gezielt nicht nur auf die

Entkoppelung von Reiz-Reaktions-Mustern zielt, sondern die alten traumatischen Erinnerungen einer Korrektur durch Neuerfahrung unterziehen soll. Die alten Erinnerungen werden dadurch nicht gelöscht, aber mit Kontrollerfahrung gekoppelt und sind damit nicht mehr „virulent".

Dazu sind folgende Schritte nötig:

Vorgehen bei der Reizexposition
– Es sollten Reize angeboten werden, die tatsächlich alte traumatische Erfahrungen aktivieren (Imaginationstechniken, Körpertherapie, reale Stimuli).
– Sekundäre Schemata, die dieser traumatischen Erfahrung folgen, müssen vom Therapeuten aktiv revidiert werden (z. B. „Ich darf mich nicht wehren, weil ich den Täter schützen muß", „Ich bin selber Schuld, daß mir das passiert ist", „Ich habe ihn ja verführt ...").
– Überwältigende Emotionen und hohe Anspannung sollten vom Therapeuten moduliert werden.
– Versuche, durch Dissoziation „auszusteigen", müssen vom Therapeuten blockiert werden.
– Die Patientin sollte möglichst aktiv angehalten werden, die alte Erfahrung der Hilflosigkeit und Ohnmacht zu korrigieren.
– Die Exposition sollte solange durchgeführt werden, bis Habituation, das heißt ein Abfall der primären Emotionen (in aller Regel Angst und Ekel), auftritt.
– Der ganze Prozeß sollte kognitiv verankert werden, damit die Patientin ihn als Eigenleistung und Kontrollgewinn attribuiert.

● *Reizpräsentation*

Ob nun Inhalte von Flashbacks gewählt werden oder andere Stimuli wie spezifische Körperhaltung oder Imaginationen – in aller Regel wird es keine Schwierigkeiten bereiten, traumaassoziierte Stimuli zu wählen. Als Referenz, daß die Schemata aktiviert sind, gilt auch hier immer die Emotion. In aller Regel tritt starke Angst auf, die sich auch in der Körpersprache abbildet.

● *Revision sekundärer Schemata*

Verfolgt man Transkripte oder Videoaufnahmen von erfolgreichen Expositionsbehandlungen, so zeigt sich immer wieder, daß es lange dauern kann, bis sich die Patientin „erlaubt", die durch die jeweiligen Erinnerungen geweckten Gefühle tatsächlich zuzulassen. Die drei vorherrschenden Emotionen Angst, Ekel und Wut sind alle mit der Handlungstendenz Flucht oder Angriff gekoppelt. Diese Möglichkeiten aber waren der Patientin damals

zunächst an der „Erlaubnis" arbeiten, über das Trauma zu sprechen

53

genommen, so daß ihr ein Verharren in der Notlage aufgezwungen war. Die Erfahrung der Ohnmacht, also der Unfähigkeit zu flüchten oder anzugreifen, wurde in aller Regel kognitiv verarbeitet in Form von sekundären Schemata, die diese Handlungsblockaden legitimierten. „Ich darf dem Täter nicht weh tun, ich muß ihn schützen, er hat ein Recht dazu, mit mir zu machen, was er will ...". Oder: „Ich darf nicht flüchten oder ihn verraten, sonst nimmt er meine Schwester, tötet meine Mutter oder tötet mich ...". Diese sekundären Schemata werden während der Exposition aktiviert und blockieren die Wahrnehmung von Angst, Ekel oder Wut. Es ist die Aufgabe des Therapeuten, diese Kognitionen aufzugreifen und zu bearbeiten: Überprüfung der Richtigkeit dieser Annahmen, suggestive Interventionen („Jetzt ist es erlaubt, sich zu wehren, Sie haben ein Recht zu flüchten ...") oder Korrektur der Körperhaltung, was zumeist die einfachste Möglichkeit darstellt, um Affekte zu induzieren und zu korrigieren (Aufrichten des Körpers, um der Scham entgegenzuwirken, Ballen der Fäuste, um Wut zu bahnen, etc.). Diese Revision der sekundären Schemata während der Exposition stellt den Therapeuten vor die schwierigste Aufgabe und ist der Schlüssel für das Gelingen der Exposition. Auf keinen Fall sollte die Patientin „gepuscht" werden, diese internen Verbote zu übergehen, da mit zum Teil schwerwiegenden Folgen nach der Therapie zu rechnen ist, wenn die alten Verbote wieder aktiviert werden."

Modulation der sekundären Schemata *(marginal note)*

- *Aktive Modulation von überstarken Emotionen*

Starke emotionale Erregung beeinträchtigen kontextabhängiges Lernen. Unter hohem Streß ist die Möglichkeit der Neuverknüpfung von alten, traumaassoziierten Reizen mit gegenwärtigen ungefährlichen Informationen stark reduziert. Der Therapeut ist also gehalten, die emotionale Erregung aktiv zu modulieren. Modellhaft kann man sich vorstellen, daß die affektive Aktivierung mit der Synchronisierung der vier Komponenten Kognition, Emotion, Physiologie, Motorik zunimmt (siehe Abb. 3).

Überstarke Emotionen müssen vom Therapeuten moduliert werden *(marginal note)*

Je genauer diese Komponenten übereinstimmen, desto stärker ist die emotionale Erregung. Umgekehrt mindern Diskrepanzen zwischen diesen Komponenten den Erregungsgrad. Therapeutische Interventionen zur Affektreduktion zielen also darauf, asynchrone, das heißt unstimmige Interaktionen zwischen den vier Komponenten hervorzurufen.

Dies geschieht
Kognitiv: („Beschreiben Sie die Situation in der dritten Person, benützen Sie nicht die „Ich-Form", beschreiben Sie den Vorgang in der Vergangenheit, begeben Sie sich an einen „inneren sicheren Ort", lassen Sie einen „neutralen Beobachter" berichten, versichern Sie sich der Hilfe von inneren Helfern, denken Sie an eine Situation, in der Sie sich stark und sicher gefühlt haben ...").
Physiologisch: Steuerung der Atmung, Auflösung der Zwerchfellblockade,

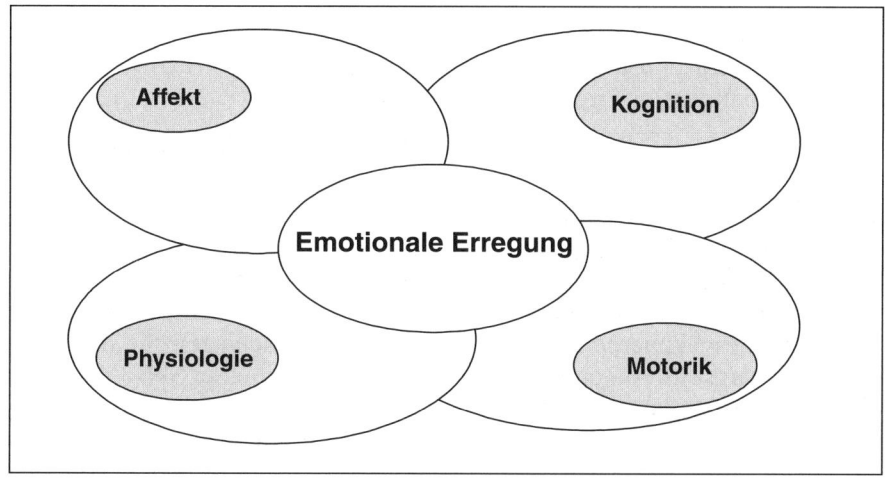

Abbildung 3:
Konvergenz der emotionalen Komponenten

Emotional: „Ich merke, daß Sie jetzt starke Angst haben, greifen Sie nach meiner Hand, Sie werden merken, daß ich anwesend bin und Ihnen jetzt in der Gegenwart Schutz und Sicherheit biete."
Motorisch: „Ich spüre, daß Ihre Scham überstark wird ... lassen Sie uns kurz aufstehen, die Hände in die Hüften stemmen und den Kopf heben" ... „Ich merke, wie Sie vor Wut und Zorn ganz außer sich geraten ... vielleicht setzen Sie sich kurz hin, drehen die Handflächen nach außen, lehnen den Kopf in den Nacken und formen die Lippen zu einem leichten Lächeln ..."

● *Blockieren von Dissoziation*

Manche Therapeuten sind der Auffassung, es sei nützlich, „mit der Dissoziation" zu arbeiten, um so der Patientin Teilerfahrungen zu ermöglichen und nicht konträre Schemata parallel zu aktivieren. Auch die DBT nützt dissoziative Fähigkeiten der Patientin, etwa bei Tranceinduktion oder der selektiven Arbeit mit Schemata. Da der Begriff der Dissoziation noch nicht sehr präzise gefaßt ist, birgt er die Gefahr von Mißverständnissen: Die in der Hypnotherapie eingesetzte „selektive Aufmerksamkeit" ist sicherlich ein hilfreiches therapeutisches Instrument. „Freezing-Prozesse", also der automatisierte Verlust der Wahrnehmung für Raum, Zeit, Kinästhetik , Akustik und Optik, wie er bei Borderline-Patientinnen unter hoher affektiver Anspannung aktiviert wird (spacing-out), sind für die Betroffenen in hohem Maße beängstigend, behindern jede Form von Lernprozessen und sollten sofort aktiv unterbrochen werden (zur Methodik siehe Seite 63).

„Freezing-Prozesse" und schwere dissoziative Zustände müssen vom Therapeuten unterbrochen werden

- *Korrektur der alten Erfahrungen*

Es bieten sich grundsätzlich zwei Möglichkeiten der Korrektur: Abgleich mit der Gegenwart und geführte Neuerfahrung.

Der *Abgleich mit der Gegenwart* geschieht durch die Wahrnehmung der Patientin, daß sie einerseits das alte Schema noch einmal aktiviert, daß ihr aber im Hier und Jetzt nichts mehr geschieht. Dem Therapeuten kommt die Aufgabe zu, den Kontakt zur Realität herzustellen, während die Patientin die alten Erfahrungen prozessiert. Auf diesem Prinzip basieren die Expositionsverfahren von E. Foa (1991). Hier wird der Kontakt zur Realität durch fortwährendes Skalieren der Befindlichkeit („Wie schätzen Sie das Ausmaß ihrer Angst im Augenblick ein?", „Wie hoch, auf einer Skala von 0 bis 10, ist ihre Spannung jetzt?") hergestellt. So ist die Patientin gezwungen, ständig die Vergangenheit mit der Gegenwart abzugleichen und damit den Gedanken „es ist vorbei, es passiert nichts mehr" mit dem alten Schema zu verknüpfen. Es muß nicht unbedingt auf Skalierungen zurückgegriffen werden. Manueller Kontakt zum Therapeuten und dessen Stimme können ebenfalls helfen, die Patientin im Hier und Jetzt zu verankern.

Geführte Neuerfahrung: In jüngster Zeit wurden einige leicht modifizierte Verfahren zur „Traumasynthese" entwickelt (Reddemann & Sachsse, 2000). Das gemeinsame Prinzip läßt sich wie folgt skizzieren: Die Patientin wird durch Methoden der Tiefenentspannung in eine leichte Trance versetzt, hält jedoch jederzeit engen verbalen oder körperlichen Kontakt mit dem Therapeuten (Händedruck). Der Therapeut übernimmt die verbale Führung und damit die Verantwortung für den gesamten Prozeß. Zunächst achtet er auf **Kognitive Modulation** die individuellen Ressourcen, also erwachsene Anteile, Stärken oder Kompetenzen. Notfalls sollte er imaginative starke Figuren einführen, eventuell die Figur des Therapeuten selbst. Schließlich wird die Patientin gebeten, sich die traumatische Szene vor Augen zu führen. Falls die Konfrontation **Bildschirm-technik** zu überwältigend ist, kann die Reaktivierung auch auf einer Art „inneren Bühne" oder auf dem „Bildschirm" erfolgen. Der Therapeut hat darauf zu achten, daß die induzierten Affekte das Maß des Erträglichen nicht überschreiten (Atemtechniken, kognitive Distanzübungen, Einstreuung der Realität durch klaren haltgebenden Körperkontakt usw.). Der eigentliche therapeutische Prozeß aber entwickelt sich in einer geführten Neuinszenierung. Im Gegensatz zur alten Erfahrung werden diesmal die ursprünglich blockierten Handlungstendenzen zu Ende geführt. Ist der führende Affekt die Wut, so wird die Patientin angehalten, sich intensiv vorzustellen, daß sie sich wehrt. Körperarbeit ist in diesem Punkte sehr hilfreich. Ist der führende Affekt Angst, so gilt es, der Patientin zu vermitteln, daß sie diesmal flüchten kann und Schutz findet. So kann etwa der „erwachsene Anteil" der Patientin die Bühne betreten und entsprechend trösten. Oder der Therapeut bringt seine eigene Person ins Spiel. Tritt Ekel auf, so hilft auch Erbrechen, also Ausstoßen des Eingedrungenen. Auf einen Punkt gebracht lautet die neue Erfahrung der Patientin: Diesmal kann ich sowohl meinen Gefühlen trauen, als auch entsprechend handeln. Gelingt dies, so erlebt die Patientin eine Reduktion der unangenehmen Affekte und zugleich ein tiefes Gefühl der Erleichterung und „Stimmigkeit" – eine für beide Teile sehr bewegende und tiefgreifende Erfahrung.

- *Kognitive Verankerung*

Es braucht nicht betont zu werden, daß diese Prozesse häufig an die äußerste Grenze der Belastbarkeit von Patientin und Therapeut gehen. Man sollte sich ausreichend Zeit einräumen, da immer mit unvorhergesehenen Wendungen zu rechnen ist. Die eigenen Erfahrungen des Autors belaufen sich auf ca. vier Stunden pro Sitzung. Die Patientin wird sehr bald das Gefühl haben, sich grundlegend zu ändern. Es folgt eine Phase der Stabilisierung, der Unsicherheit und Neuorientierung, die begleitet werden muß. Dies ist die Zeit für kognitive Verarbeitung des „Geschehenen" und die Entwicklung subjektiver Erklärungsmodelle, auch für therapeutische Prozesse. Der Therapeut sollte in dieser Phase immer wieder darauf hinweisen, daß die Patientin selbst die entscheidenden Schritte unternommen hat, daß er lediglich die Funktion eines „kundigen Führers" eingenommen hat. Und schließlich ist wichtig, darauf hinzuweisen, daß die alten Erfahrungen jetzt zwar durch die neuen kontrolliert werden, jedoch nicht vollständig gelöscht sind, so daß bei einer Retraumatisierung immer mit einer Reaktivierung der alten Schemata zu rechen ist. Es sollte mit der Patientin besprochen werden, wie sie sich schützten kann und welche Schritte im Fall einer erneuten Traumatisierung unternommen werden müssen.

Traumaexposition braucht Zeit (bis zu 4 Stunden pro Sitzung)

Rezidivprophylaxe

5.3 Therapeutische Strategien und Methoden

5.3.1 Wochenprotokoll

Therapeut und Patientin orientieren sich an einem *Wochenprotokoll* (Anhang, S. 129). Dieses umfaßt die wichtigsten Problemzonen und Ressourcen der Patientin. Einige Problemzonen wie Drogeneinnahme oder Selbstschädigung sollten obligatorisch erfaßt werden, andere Problembereiche wie etwa bulimische Attacken oder unkontrollierte sexuelle Erfahrungen können individuell benannt werden. Die Patientin sollte lernen, zwischen Suizidphantasien (etwa in Tagträumen) und drängenden Suizidimpulsen mit Handlungsentwürfen zu unterscheiden. Neben den „dysfunktionalen Verhaltensmustern sollten „funktionale" also stabilisierende und befriedigende Verhaltensmuster wie etwa Sport oder Begegnung mit Freunden aufgezeichnet werden. Die Patientin sollte angehalten werden, darauf zu achten, daß sie „destabilisierende" und „stabilisierende" Verhaltensmuster ausbalanziert. Das Wochenprotokoll wird zu Beginn jeder Stunde herangezogen,

Patientin sollte das Wochenprotokoll täglich ausfüllen

um auf einen Blick das jeweils gefährlichste oder bedrohlichste, sowie das stabilisierendste Verhaltensmuster seit der letzten Stunde zu fokussieren.

Besprechung des Wochenprotokolls
„... Hallo, wie geht's, ich habe heute eine leichte Grippe, wenn ich also etwas angeschlagen wirke, so hat dies nichts mit Ihnen zu tun. Haben Sie Ihr Wochenprotokoll mitgebracht? – Vielen Dank. Oh, am Donnerstag haben Sie sich geschnitten. Da kommen wir nicht darum herum, uns das genau anzusehen. Was meinen Sie denn selbst, was war Ihre beste stabilisierende Aktivität diese Woche? – Das Schlagzeugspielen in der neuen Band am letzten Dienstag. – Prima. Das sollten wir ebenfalls anschauen, wie Sie es gepackt haben, dort hin zu gehen. Gibt es noch etwas, das Ihnen am Herzen liegt, das wir unbedingt heute besprechen sollten?" ... „In der Schule – da ist es schwierig, ich gehe da schon eine Weile nicht mehr hin"... „Oh, gut, daß Sie das sagen, das klingt wichtig. Lassen Sie uns die Verhaltensanalysen zum Schneiden anschauen, dann vielleicht kurz das Schlagzeugspielen, damit wir noch Zeit haben um das Problem in der Schule zu verstehen ..."

Therapeut orientiert sich in seiner Therapieplanung am Wochenprotokoll

Was tun, wenn die Patientin sich weigert, das Wochenprotokoll auszufüllen?
Dies gilt als therapiegefährdendes Verhalten und wird sofort thematisiert. Eine genaue Verhaltensanalyse wird die Beweggründe der Patientin klären (auf Scham achten!).

Was tun, wenn der Therapeut Schwierigkeiten hat, sich an die Hierarchie der Behandlungsfoki zu halten?
Ein häufiges Problem, gerade für tiefenpsychologisch orientierte Therapeuten. Es liegt im Aufgabenfeld der Supervisionsgruppe, dem Therapeuten zu helfen, seine individuellen Beweggründe zu verstehen (häufig reagiert er auf negative Konsequenzen seitens der Patientin), und ihn für adäquateres Verhalten zu verstärken. (Orientierung an Fernzielen, statt an kurzfristiger Harmonisierung der Beziehung ...)

5.3.2 Verhaltensanalysen

Die Grundlagen der Verhaltensanalyse (Bedeutung von Auslösern, Systemvariablen, kurz- und langfristigen Konsequenzen) dürfen in diesem Band vorausgesetzt werden. Verhaltensanalysen mit Borderline-Patientinnen bringen jedoch eine Vielzahl von Besonderheiten mit sich, die im folgenden besprochen werden:

a) *Jede genaue VA hat den Charakter einer in-sensu-Exposition*

Patientinnen mit BPS reagieren auf eine detaillierte Befragung häufig sehr sensitiv. Dysfunktionale Kognitionen, starke aversive Emotionen, Flashbacks oder dissoziative Phänomene können durch Verhaltensanalysen ausgelöst werden. Dies ist eher die Regel als die Ausnahme und sollte Therapeuten nicht daran hindern, genau zu explorieren. Dennoch muß der Therapeut in der Lage sein, aktiv zur Steuerung der ausgelösten psychischen Prozesse beizutragen. Das heißt, er sollte wissen, wie dissoziative Zustände beendet werden können, wie starke Emotionen moduliert und hohe innere Anspannung reguliert werden können (siehe Seite 83). Der Therapeut sollte seinen Blick auf Mikro-Signale auf der nonverbalen Ebene richten, da die Patientinnen unter starker Anspannung oder Dissoziation häufig nicht mehr sprechen.

Verhaltensanalysen (VA) können starke Affekte auslösen

b) *Die Verhaltensanalyse beginnt mit der Beschreibung des Problemverhaltens*

Wählt man zum Beispiel das Zufügen von Schnittwunden mit Rasierklingen als Problemverhalten, so ist dieses Verhalten so detailliert wie möglich zu beschreiben (genaue Lokalisation, (evtl. zeigen lassen), Tiefe der Schnittwunden, Blutverlust usw.). Diese genauen Beschreibungen werden häufig aversiv erlebt und lösen Scham aus. Im Sinne von Kontingenzmanagement kann dies durchaus als therapeutische Strategie definiert werden. Viele Patientinnen reduzieren die Häufigkeit von Selbstverletzungen, wenn sie daran denken, daß sie in der nächsten Stunde ausführlich darüber berichten müssen.

Problemverhalten orientiert sich an der vorgegebenen Hierarchie

c) *Das Risiko des Problemverhaltens bestimmt den Mikrofokus*

Da ein detailliertes Verstehen der jeweiligen Verhaltensmuster häufig langwierige, mehrdimensionale Kettenanalysen erfordert, deren Komplexität oft den Rahmen einer Behandlungsstunde sprengt, da weiterhin jede Verhaltensanalyse immer auch alternative Möglichkeiten für die Patientin eröffnen sollte, ist der Therapeut gezwungen, seine Aufmerksamkeit im Rahmen der Verhaltensanalyse zu fokussieren. Die Wahl des Fokus ist erneut von der Bedrohlichkeit des jeweiligen Problemverhaltens bestimmt: Suizidversuche, Hochrisikoverhalten, schwere dissoziative Symptomatik mit Kontrollverlust werden als hochgefährlich eingestuft. Als therapeutischer Fokus werden Verhaltensmuster gewählt (Kognitionen, Emotionen oder Handlungen), die *unmittelbar vor* dem Kontrollverlust (point of no return) liegen. Das heißt, der Therapeut kümmert sich nicht um spezifische Auslöser oder Bedingungsvariable, sondern hilft der Patientin vorrangig, Kompetenzen zu erwerben um die Wiederholung von lebensbedrohlichen Verhaltensmustern zu verhindern.

Je gefährlicher das Verhalten, desto enger arbeitet der Therapeut unmittelbar am Problemverhalten

Je „ungefähr-
licher" das
Verhalten, desto
eher arbeitet er
an den Aus-
lösern und den
Kognitionen

Eine Patientin berichtet über Auseinandersetzungen am Arbeitsplatz, über Streit mit einer Kollegin, der erhebliche Selbstzweifel auslöst. Gedankenketten werden aktiviert: „... keiner mag mich, ich bin entsetzlich dumm, ich habe einfach kein Recht auf einen Arbeitsplatz, ich werde bloßgestellt werden, ich werde gekündigt werden ... es ist besser, ich bleibe gleich zu Hause, was wird mein Therapeut sagen, wenn ich nicht mehr in die Arbeit gehe, ich kann ihm nicht mehr unter die Augen treten, er wird merken, wie unfähig ich bin, er wird sich von mir abwenden, es hat eh alles keinen Sinn, ich bin ein Versager, die Therapie hilft nichts, am besten wäre ich tot, dann hätte ich meine Ruhe, nicht mal das darf ich, ich habe es versprochen, ich halte es einfach nicht mehr aus ..." Unter hoher Anspannung verläßt die Patientin den Arbeitsplatz vorzeitig, versucht noch, eine Freundin anzurufen, doch diese ist nicht zu Hause. („... immer wenn ich jemanden brauche, ist nie jemand da, alle haben mich verlassen, ich bin der letzte Dreck, ich bin ganz alleine, mein Therapeut kann mir auch nicht helfen, in Wirklichkeit interessiert er sich gar nicht wirklich für mich, ich bin doch nur ein ‚Fall' für ihn, jetzt geh ich mich besaufen ..." Sie steuert einen Kiosk an, erwirbt eine Flasche Cola light und eine Flasche Whiskey. Das Gemisch trinkt sie relativ hastig. Es ist ihr schwindlig, sie fühlt sich betrunken und beschließt, sich vor den Zug zu werfen. Am Bahnhof fällt sie der Bahnpolizei auf, da sie schwankt und einen reichlich verworrenen Eindruck macht.

Obwohl in diesem Falle eine Vielzahl von dysfunktionalen Kognitionen auf therapeutische Korrektur warten, konzentriert sich der Therapeut zunächst ausschließlich auf den fatalen Entschluß, unter hoher Anspannung Alkohol zu trinken. Erst die Alkoholintoxikation führte letztendlich zum Kontrollverlust. Er wird also detailliert Steuerungsmechanismen vermitteln, ein besseres Notfallnetzwerk erarbeiten, eventuell in-sensu Konfrontationen mit Alkoholexposition (cue-exposure) durchführen, um der Patientin zu helfen, Alkoholgenuß unter Hochstreß *unter allen Umständen* zu vermeiden. Erst dann wird er sich in nächsten Schritten den dysfunktionalen Kognitionen zuwenden.

Liegen hingegen *keine lebensbedrohlichen* Verhaltensmuster vor (Selbstverletzungen, die zur Regulation von Spannungszuständen eingesetzt werden, sind nur in seltensten Fällen lebensbedrohlich), so „springt" der Therapeut nach Exploration des Problemverhaltens an den Beginn der gesamten Problemkette: „Wann kam Ihnen erstmals der Gedanke, sich zu schneiden? ... und vorher war alles im Normbereich, oder fühlten Sie sich bereits vorher unter Anspannung? Wann haben Sie sich das letzte Mal einigermaßen ausgeglichen gefühlt? ... Dort wollen wir beginnen. Am besten erzählen Sie ganz genau, was der Reihe nach passierte ..."

60

Der weitere Explorationsprozeß orientiert sich jetzt Schritt für Schritt an den jeweiligen Abläufen: *situative* oder *kognitive* Auslöser („... was genau ist vorgefallen? ..."), *Interpretationen* („... und was haben Sie sich dabei gedacht?" „... was genau ging Ihnen durch den Kopf?"), *Emotionen* („... wenn Sie das so interpretieren, kann ich mir vorstellen, daß Sie ganz schön wütend waren?"), *sekundäre Emotionen* („... nun, mit Wut können Sie nicht so gut umgehen, wie reagierten Sie denn, als Sie spürten, daß Sie wütend wurden?") *Handlungsentwürfe* („... und dann?" „... was wollten Sie denn am liebsten tun?"), *Handlungen* („... und was haben Sie dann tatsächlich gemacht?", „war das sinnvoll? Konnten Sie damit das Problem lösen?").

d) *Jede Verhaltensanalyse zielt auf die primäre Emotion*

Vorrangiges Ziel der VA ist es, die primäre, das heißt die unmittelbar auf das Schlüsselereignis folgende Emotion heraus zu arbeiten, zu überprüfen, ob diese Emotion einer adäquaten Interpretation folgte und der Patientin gegebenenfalls zu helfen, zukünftig entsprechende Handlungsentwürfe zu entwickeln.

Emotion, die auf den ersten Auslöser folgt, steht im Zentrum der Aufmerksamkeit

Sehr häufig entwickeln sich hohe Anspannungen bei Patientinnen mit BPS, wenn auf die erste, unmittelbare, oft situationsadäquate Emotion Bewertungsprozesse folgen, welche eine adäquate, also emotionsgesteuerte Handlung unmöglich machen.

Beispiel
Die Patientin wird in der Straßenbahn sexistisch „angemacht". Sie spürt die Grenzverletzung und Demütigung, fühlt sich auch ein Stück bedroht und wird wütend. Diese Wut nimmt sie jedoch kaum wahr, es sei denn als Körperspannung und Kloß im Hals. Statt dessen fühlt sie sich beschämt, wendet den Blick ab, macht sich Vorwürfe, daß es an ihr liege, wenn sie von Männern angemacht wird, das läge ihr im Blut, sie sei schlecht und Freiwild...
Die erste, situationsadäquate Emotion wäre in diesem Falle also Wut und Ärger. Mit Fingerspitzengefühl und viel „Selbstöffnung" (self-disclosure) („... *wenn mir das passieren würde, wäre ich zuerst mal ziemlich wütend ... Ich würde mich vielleicht nicht unbedingt trauen, ihn anzuschreien, aber wütend wäre ich schon ...*") sollte der Therapeut diese Wut herausarbeiten, die Patientin in ihrer kurzen Wahrnehmung bestätigen und helfen, per Rollenspiel, Wut auszudrücken und sich situationsadäquat zu wehren.

e) *Verhaltensanalysen sollten immer Alternativen eröffnen*

Ein naheliegender und damit häufiger Fehler liegt in dem Bestreben des Therapeuten, zunächst vollständige, mehrdimensionale Verhaltensanalysen zu erstellen, also das „Problem" vollständig zu „durchdringen", um dann in

61

einem zweiten Schritt alternative Sichtweisen und Lösungsschritte zu etablieren. Leider bleibt für diesen zweiten Schritt dann häufig keine Zeit. Dies führt dazu, daß der Therapeut mit zunehmender Dauer über wunderschöne Erklärungsmodelle für die jeweiligen Verhaltensmuster seiner Patientin verfügt, die Patientin jedoch wenig Neues lernt. Nun, das hohe Tempo, das Borderline-Patientinnen vorgeben, zwingt den Therapeuten zu einer anderen Strategie: Das schrittweise explorieren der Verhaltenskette („Kettenglied für Kettenglied") eröffnet die Möglichkeit, immer wieder, auch während des Explorationsprozesses Alternativen vorzuschlagen und zu trainieren. „Bringen Sie die Patientin dazu, mindestens ein neues Verhaltensmuster pro Sitzung auszuprobieren!!"

f) *Dysfunktionale Verhaltensmuster während der Sitzung können aufgegriffen werden*

Führt der Therapeut Kettenanalysen durch, die nicht unmittelbar an lebensbedrohliche Verhaltensmuster gekoppelt sind, so hat er einen gewissen Handlungs- und Entscheidungsspielraum, was die Wahl des jeweiligen Fokus betrifft. Er kann sich an einer linearen, konsekutiven Zeitachse orientieren, oder den Fokus je nach seiner Bedeutung gewichten: Stößt der Therapeut auf wiederholte Muster, also Denkweisen oder Handlungsmuster, die schon mehrmals, im Rahmen früherer Verhaltensanalysen als dysfunktional aufgefallen waren, so haben diese Problemzonen Vorrang. Stößt er auf Verhaltensmuster, die bedrohliche Muster auslösen, so haben diese Vorrang. Wann immer aber in der gegenwärtigen Sitzung sich Verhaltensmuster manifestieren, die ähnlich zu werten sind, wie dysfunktionale Muster im sozialen Umfeld, so sollten diese erstrangig herangezogen werden.

5.3.3 Umgang mit Dissoziation und „Stuck-States"

Videoanalysen zeigen immer wieder, daß Therapeuten häufig nicht rechtzeitig erkennen, wenn ihre Patientinnen dissoziiert sind, oder sich in Zuständen befinden, in denen sie kognitiv nicht mehr zugänglich sind. Mohl nennt diese Stadien „stuck-states" (Mohl, 1996), also kognitiv-emotionale Sackgassen, in denen sich die Patientinnen „festgefressen haben", d. h. dysfunktionale Schemata prozessieren und nicht mehr in der Lage sind, die Realität wahrzunehmen, geschweige denn Neues zu lernen. Häufig redet der Therapeut dann auf die Patientin ein, wird vorwurfsvoll oder aggressiv. Kurzfristige Unterbrechungen zur Spannungsregulation, klare Instruktionen, die Körperhaltung zu variieren, Achtsamkeitsübungen oder gemeinsame Veränderungen des Settings sind oft hilfreich. Wir haben beispielsweise gute Erfahrungen damit gemacht, gerade bei sehr schambesetzten Patientinnen, die Therapie im Stehen oder Gehen durchzuführen. Dies hindert die Patientin, sich in die Ecke zu kauern und ihrer Emotion freien Lauf zu lassen. Flexibilität, Kreativität und unkonventionelle Interventionen sind eher die Regel als die Ausnahme in der Arbeit mit Borderline-Patientinnen.

Patientinnen, die dazu neigen, unter Streß spontan zu dissoziieren, sollten ein spezifisches Training zum *Selbstmanagement der Dissoziation* erhalten. Es gibt unterschiedliche Modelle zur Funktion der Dissoziation. Weit verbreitet ist die Sichtweise, Dissoziation sei eine „Abwehr" nicht tolerierbarer Emotionen oder innerpsychischer Spannungen. Aus dieser Perspektive mag es widersprüchlich erscheinen, der Patientin diese Gnade der „Flucht in die Dissoziation" zu nehmen. Das neurobehaviorale Konzept sieht die Dissoziation vornehmlich als eine Aktivierung opioid und serotonerg vermittelter zentraler Afferenzkontrollen, die dem Organismus ermöglicht oder ihn zwingt, in Zuständen auswegloser Bedrohung in den Totstellreflex (freezing) zu verfallen, um damit seine Überlebenschancen zu erhöhen. Dieses komplexe, phylogenetisch alte „Programm" beinhaltet neben einer Zentralisierung des Kreislaufs, Reduktion der Atemfrequenz, Reduktion der Schmerzwahrnehmung und Verlust der Kontrolle über die Willkürmotorik auch die Ausgrenzung der Wahrnehmung von aversiven Affekten. Die Aktivierung dieses Systems führt zu einem regungslosen Verharren in der Gefahrensituation und ist, wie alle biologisch determinierten Programme, konditionierbar. Das heißt, Kinder, die häufig extremen, auswegslosen Gefahren ausgesetzt sind, werden dieses „Totstellprogramm" zunächst an bestimmte Reize koppeln, bald auf Umgebungsreize generalisieren und schließlich die Wahrnehmung psychophysiologischer Anspannung als Schlüsselreiz konditionieren. Diese dissoziativen Programme wirken vorübergehend entlastend und sind daher schwierig zu löschen. Die betroffene Patientin fühlt in aller Regel tatsächlich kurzfristig eine Reduktion der inneren Spannung oder der aversiven Emotionen, häufig jedoch ist die Dissoziation, die ja äußerst selten auf einen Schlag einsetzt, gekoppelt mit Angst vor Verlust der Kontrolle über die Realität.

Dissoziative Zustände sind oft konditioniert und sollten vordringlich fokussiert werden

Wie bei vielen psychopathologisch relevanten Phänomenen unterscheidet sich auch bei der Dissoziation die psychoanalytisch orientierte Sichtweise von der verhaltenstherapeutischen. Während erstere den Abwehrcharakter betont und sich daher folgerichtig davor scheut, die Symptomatik zu therapieren, ohne die zugrundeliegenden Konflikte bereinigt zu haben, sieht die Verhaltenstherapie die Dissoziation als ein Verhaltensmuster, das ursprünglich an real bedrohliche Auslöser gekoppelt war, sich im Verlauf automatisiert hat und jetzt zum eigenständigen pathogenetisch relevanten Problem geworden ist. Die Vermittlung von antidissoziativen Fertigkeiten ist aus dieser Sicht Voraussetzung für erfolgreiche Reizkonfrontationsverfahren und kognitive Umstrukturierungsverfahren.

Die DBT bietet verschiedene antidissoziative Fertigkeiten an. Die meisten zielen auf die Aktivierung sensorischer Systeme. Starke Sinnesreize wie Schmerz, laute Geräusche, stechende Gerüche, Muskelaktivität oder rasche

Augenbewegungen vermögen die Dissoziation zu durchbrechen und eine Reorientierung in der Gegenwart zu ermöglichen. Die Patientin wird zunächst angehalten, die graduelle Entwicklung von dissoziativen Zuständen genau zu beobachten, um rechtzeitig Gegenmaßnahmen ergreifen zu können.

Starke sensorische Reize gegen Dissoziation

Dazu gehört ebenfalls die Wahrnehmung der subjektiven Bereitschaft, sich in den dissoziativen Zustand „fallen" zu lassen, sich von der Umgebung zurückzuziehen und von Außenreizen abzuschotten. Die Patientin muß lernen, dieser Handlungstendenz entgegenzuwirken, den Kontakt mit der Realität zu halten und auf die sogenannten wirksamen „Notfall-Skills" zurückzugreifen. Als sehr hilfreich haben sich Kältereize erwiesen, Eisbeutel sollten im Haushalt verfügbar sein. Aber auch Trigeminusreizstoffe wie Ammoniak (25%) können wirksam eingesetzt werden.

Auch in der therapeutischen Sitzung können antidissoziative Fertigkeiten trainiert werden. Man vereinbart mit der Patientin antidissoziative Schlüsselreize, etwa ein imaginiertes Bild, einen Ton oder einen Satz, der in Konditionierungsprozessen an den, zunächst vom Therapeuten vermittelten, Ausstieg aus der Dissoziation gekoppelt wird. Nach mehreren Wiederholungen sind viele Betroffene in der Lage, sich selbst im dissoziierten Zustand die Schlüsselreize zu vergegenwärtigen und damit Realitätsorientierung zu erlangen. Grundsätzlich sollte während jeder Sitzung immer darauf geachtet werden, dissoziative Prozesse so rasch als möglich zu unterbrechen.

5.3.4 Dialektische Strategien

Therapeut nützt die Spannung von aktivierten Widersprüchen

Dialektische Strategien betonen die kreative Spannung, die durch widersprüchliche Emotionen, gegensätzliche Denkmuster, Wertvorstellungen und Verhaltensstrategien sowohl im intrapsychischen Erleben als auch im zwischenmenschlichen Bereich hervorgerufen wird.

Veränderungen werden ermöglicht, indem die entstehende dialektische Spannung gezielt verstärkt und schrittweise Unterstützung bei der Entwicklung von Lösungsstrategien geleistet wird. Diese dialektische Position betrifft sowohl die Ebene der Beziehungsgestaltung als auch das intrapsychische Erleben der Patientin. Die Ebene der Beziehungsgestaltung beschreibt Linehan (1996a) mit der schönen Metapher des Tanzes: „Der Therapeut muß auf die Schritte der Patientin sehr sensibel reagieren und sie ganz leicht aus der Balance bringen, dabei aber immer eine stützende Hand bereithalten ... Häufig geraten die Bewegungen der Patientin jedoch außer Kontrolle, so daß der Therapeut sofort mit einer Gegenbewegung reagieren muß, damit die Patientin nicht von der Tanzfläche stürzt." Dieser „Tanz" erfordert vom Therapeuten ein rasches Wechseln zwischen den Strategien, von Akzeptanz zu Veränderung, von Kontrolle zu Loslassen, von Konfrontation zu Unterstützung, von Härte zu Nachsichtigkeit.

Dialektische Strategien
– Balance zwischen Veränderungs- und Akzeptanz-Strategien
– Balance zwischen stützenden Strategien und Forderungen an die Patientin, sich selbst zu helfen
– Balance zwischen Beständigkeit und Flexibilität
– Balance zwischen Betonung von Fertigkeiten und der Betonung von Grenzen und Defiziten
– Der Therapeut sollte seinen eigenen Standpunkt in Frage stellen und nach gegensätzliche Gesichtspunkten forschen
– Der Therapeut sollte jede Interpretation von Ereignissen als relativ deklarieren
– Der Therapeut sollte Dauerhaftigkeit und Unveränderbarkeit von Problembedingung in Frage stellen

Der Therapeut verwendet Metaphern und Parabeln, spielt den Advocatus Diaboli, reagiert übertreibend auf scheinbar unveränderbare Sichtweisen der Patientin (extending), benutzt die Methodik der Umdeutung (refraiming).

5.3.5 Validierung

Validierung vermittelt der Patientin, daß ihr Verhalten im subjektiven Kontext stimmig und sinnvoll ist, daß es im objektiven Kontext jedoch nicht die einzige Möglichkeit darstellt. Der Begriff der Validierung geht über den Begriff der Empathie hinaus, da er auf aktive Interventionen des Therapeuten zielt. Dies betrifft sowohl Gedanken als auch Emotionen und Handlungsweisen.

Validierung vermittelt das Gefühl der Stimmigkeit subjektiver Schemata, ohne deren Funktionalität in der Realität zu bestätigen

Sechs „Stufen" der Validierung
V 1: Aufmerksamkeit
Der Therapeut ist wach, zugewandt, fragt nach, hütet sich vor Bewertungen und stellt das Gesagte in den Gesamtkontext der Patientin: (*„wann genau ist er Ihnen begegnet? Sie kannten ihn doch schon von früher, sah er denn diesmal anders aus? ..."*)
V 2: Genaue Reflexion
Der Therapeut vermittelt, was er selbst verstanden hat, der Standpunkt der Patientin wird als gegeben akzeptiert: (... *„soweit ich das jetzt verstanden habe, sahen Sie gar keine andere Möglichkeit, als ihn nach Hause zu begleiten?"*)

V 3: Aussprechen von nicht Verbalisiertem (mind reading)
Der Therapeut spricht Emotionen, Gedanken oder auch Handlungsentwürfe aus, welche die Patientin selbst nicht ausspricht: („*ich kann mir vorstellen, daß Sie zunächst höllische Angst hatten? Wenn ich mich da hineinversetze, dann könnte ich mir vorstellen, daß Sie sich hinterher entsetzlich schämten? ... und wahrscheinlich kam Ihnen ein paar Mal der Gedanke zu flüchten, aber Sie haben ihn verworfen. Manchmal, und es ist besonders schwierig, darüber zu sprechen, empfindet man trotz der prekären Situation auch noch Lust dabei, und das ist dann am schlimmsten, oder? ...*") Zu dieser Ebene zählt auch die Vorbereitung auf zu erwartende Konsequenzen von therapeutischen Interventionen: „*wenn wir jetzt eine Exposition versuchen, so wird sich zunächst alles in Ihnen sträuben, Sie werden wahrscheinlich denken: alles, nur das nicht ...*"

V 4: Validierung im Sinne vergangener Lebenserfahrung oder biologischer Dysfunktion
Der Therapeut bezieht die gegenwärtigen Reaktionsmuster auf frühere Lernerfahrungen: „*... bei Ihrer Vorgeschichte mit dem Mißbrauch, erscheint es doch ziemlich verständlich, daß Sie sich gegenüber diesem Mann nicht haben abgrenzen können ... gut, und dann sind Sie schließlich noch rasch dissoziiert und konnten sich nicht mehr wehren.*"

V 5: Validierung im Sinne des gegenwärtigen Schemas
Der Therapeut betont, daß die jeweilige Sichtweise der Patientin subjektiv stimmig ist: „*... Nun, wenn Sie davon ausgehen, daß jede Form der Abgrenzung die Sache nur noch schlimmer macht, weil der Mann sich das nicht bieten läßt und dann völlig unkontrollierbar wird, dann kann ich verstehen, daß Sie sozusagen Schadensbegrenzung betreiben und gar nichts äußern ...*"

V 6: Radikale Echtheit
Der Therapeut vermittelt sich selbst als authentische Person und behandelt die Patientin so, wie er möchte, daß seine Frau, Schwester oder Tochter von einem Therapeuten behandelt werden sollte: Er behandelt die Patientin als kompetente, ressourcenreiche erwachsene Person, ohne die spezifische Problematik zu übersehen. (... „*ich nehme an, daß Sie diese Form der Demütigung nicht mehr ertragen werden wollen, so daß Sie lernen werden, sich in Zukunft auf Ihr Gefühl zu verlassen und sich auch in derartigen Situationen zu schützen ...*")

5.3.6 Problemlösen

Da in der Verhaltenstherapie fast jedes dysfunktionale Verhalten, also auch die Suizidvorstellung, als fehlgeleiteter Problemlöseversuch gesehen wird, gilt „Problemlösen" als eine Schlüsselstrategie im therapeutischen Prozeß.

Wie bei jedem kognitiv-behavioralen Verfahren, gliedert sich der Problem-
lösungsprozeß in die Phase der Problemdefinition, die Phase der Lösungs-
analyse und schließlich in die Phase der Umsetzung.

Die *Problemdefinition* basiert auf hochauflösenden Verhaltensanalysen und
ist dort beschrieben (S. 58). Häufig ist dies schwierig und zeitaufwendig,
da die Patientinnen nicht genau angeben können, worin die Problematik
genau besteht. „*... mir geht's seit zwei Wochen schlecht, ich bin suizidal, ich
weiß überhaupt nicht, an was das liegt, es ist einfach nicht mehr zum aushalten ...*". Erfahrungsgemäß liegen derart komplexen Zuständen oft auch
komplexe, also mehrdimensionale Problembereiche zugrunde. So berichtet
eine Patientin, die eine ausgeprägte Prüfungsangst hat, zunächst nur über
Lernstörungen. Erst die genaue Bedingungsanalyse zeigt, daß sie seit Wochen kaum mehr schläft, wenig ißt, maximal einen halben Liter Flüssig-
keit zu sich nimmt. Dafür sieht sie abends regelmäßig Horrorfilme, um
sich abzulenken. Nicht selten also stellen sich destabilisierende Verhaltensmuster, welche die Patientin lediglich als Folgen ihres Kernproblems
sieht und daher nicht selbst thematisiert, als vorrangig zu änderndes Problem dar.

Jedes dysfunktionale Verhalten kann als fehlerhafte Problemlösung definiert werden

Die Lösungsanalyse orientiert sich an den etablierten Methoden:
1. Das dysfunktionale Verhalten wird als fehlgeschlagener Lösungsver-such definiert.
2. Mangelnde Motivation, oder die Unfähigkeit, Alternativen zu erar-beiten, werden als Ausdruck gegenwärtiger Hoffnungslosigkeit und Machtlosigkeit interpretiert.
3. Das Problem selbst wird positiv, sinnlich wahrnehmbar und so kon-kret als möglich beschrieben. (also nicht: „*ich will, daß es mir nicht mehr so schlecht geht*", sondern*: „ich möchte erreichen, daß ich min-destens sechs Stunden pro Nacht schlafe.*")
4. Im Sinne von „brain-storming" werden zunächst vielfältige Stratgien entworfen, und schließlich die realistischste ausgewählt.
5. Im Sinne von „trouble-shooting" werden Möglichkeiten des Schei-terns bzw. die negativen Konsequenzen der Lösungsstrategien über-dacht.
6. Die ersten, kleinen Schritte in Richtung Alternativlösung werden be-sprochen. („*...was wäre der nächste Schritt?*")
7. Kurzfristige Rückmeldungen werden vereinbart. („*... wie erfahre ich, daß Sie diesen Schritt tatsächlich versucht haben?*")

5.3.7 Kontingenzmanagement

Wie in jeder „normalen" Beziehung, gilt auch für die therapeutische Beziehung, daß jede zwischenmenschliche Interaktion eine potentielle Form der Verstärkung, Bestrafung oder Löschung darstellt. Die Reaktion des Therapeuten hat also unmittelbar Einfluß darauf, wie die Patientin daraufhin handeln wird, was sie empfindet, und denkt. Kontingenz-Management-Strategien bieten die Möglichkeit, diese Reaktionen bewußt einzusetzen und zu steuern, um es der Patientin zu erleichtern, zielorientiert zu handeln.

1. Aufklärung
– Der Therapeut informiert, an Hand von Beispielen, über die Grundlagen der Lerntheorie einschließlich der Wirkung von Verstärkern.
2. Verstärkung
– Angemessenes Verhalten sollte so rasch als möglich belohnt werden.
– Zu Beginn der neuen, erwünschten Reaktionen sollte jedesmal, wenn sich das Verhalten etabliert hat, nur noch intermittierend verstärkt werden.
– Der Therapeut setzt die Beziehung als Verstärker ein.
– Der Therapeut arbeitet daran, das soziale Umfeld so zu strukturieren, daß es den Verstärkerplänen entspricht.

Grundlegend ist zu berücksichtigen, daß Verstärker nur in ihrer Wirkung auf das jeweilige Verhalten definiert werden können. Konsequenzen wirken nur verstärkend, wenn sie im subjektiven Kontext der Patientin *schemakonform* sind. Das heißt, es macht wenig Sinn, eine Patientin, für eine Leistung, also etwa die Bewerbung beim neuen Arbeitsplatz zu loben, wenn ihre Grundannahmen darum kreisen, daß sie nichts taugt, unfähig ist, schlechter und dümmer als alle anderen: *„das haben Sie gut gemacht, sehen Sie, ich habe immer gewußt, daß aus Ihnen noch was wird ..."* Sie wird sich nicht verstanden fühlen und ihre Bemühungen einstellen. Verstärkend wäre in diesem Falle: *„Oh, Sie haben einen schweren Schritt getan, da bin ich stolz darauf. Aber ich habe das Gefühl, jetzt, da Sie sich dieser Konkurrenz aussetzen, brauchen Sie mich mehr denn je. Könnte ich Ihnen anbieten, daß Sie mir nach jedem Arbeitstag ein paar Zeilen schreiben, und in die nächste Sitzung mitbringen?"*

Die Bedeutung dieser Problematik darf nicht unterschätzt werden. Sicherlich liegt in dem Fehler, Lob oder Zuwendung mit Verstärkung zu verwechseln, eine der Hauptursachen für problematische therapeutische Beziehungen begründet. Berücksichtigt man noch, daß Patientinnen mit BPS häufig zwei kontroverse Schemata aktivieren, so kann es geschehen, daß eine Interaktion des Therapeuten, also beispielsweise das Angebot für mehr Zuwendung, im Sinne des Schemas „Ich brauche Sicherheit und Geborgenheit" als Verstärker gilt, im Sinne des Schemas „Nähe birgt die Gefahr, miß-braucht zu werden", aktiviert dies die Erwartung aversiver Konsequenzen. Der Therapeut sollt immer Klarheit darüber haben, welche Konsequenzen sein Verhalten für das jeweils aktivierte Schema der Patientin hat. Der Versuch, diesem Dilemma durch „technische Neutralität" auszuweichen, das heißt, die therapeutische Beziehung neutral zu halten, kann nicht funktionieren, da sich die Patientin vom Gegenüber „nicht gesehen" fühlt. Die hohen Abbruchquoten tiefenpsychologisch orientierter Therapien dürften u. a. darin begründet sein.

Es bedarf also eines genauen Timings, einer genauen Dosierung und dialektischer Strategien, um mit diesen kontroversen „Plänen" umzugehen.

3. Löschung
– Der Therapeut sollte den Verstärkerentzug transparent gestalten.
– Der Therapeut sollte das Löschungsprogramm auch bei Zunahme des Verhaltens durchhalten.
– Der Therapeut sollte aktiv Problemlösung einleiten und Alternativverhalten verstärken.
– Der Therapeut sollte das subjektive Leiden der Patientin validieren, ohne vom Löschungsplan abzugehen.

Verhaltensmuster werden gelöscht, wenn die Verstärker, die das Verhalten aufrechterhalten, wegfallen. Therapeutische Interventionen, die auf Löschung oder Bestrafung zielen sind in der Borderline-Therapie zwar effektiv, bergen aber immer die Gefahr des Beziehungsabbruchs. Es empfiehlt sich, einige grundlegende Modalitäten zu berücksichtigen:

Unterschiede zwischen Verstärker und Intention

Zunächst sollte klargelegt werden, daß alleine die Tatsache, daß eine Konsequenz als Verstärker wirkt, nichts darüber aussagt, ob diese Konsequenz intendiert war.

„Sicherlich war es angenehm für Sie, daß sich Schwester Monika die halbe Nacht Zeit genommen hat, um mit Ihnen zu reden, nachdem Sie sich geschnitten hatten, das sagt ja noch nicht, daß Sie dies geplant hatten, dennoch ..."

Weiterhin sollte vermittelt werden, daß die meisten Konsequenzen das jeweilige Verhalten außerhalb des Bewußtseins, zumeist über neurobiologische Systeme, steuern.

„Auch wenn Sie es nicht wahrnehmen, so dürfte doch die Tatsache, daß Ihr Freund zu Hause blieb, nachdem Sie mit Suizid gedroht haben, Ihr Wohlbefinden erheblich gesteigert haben, so daß die Gefahr droht, daß Sie dieses Verhalten wiederholen."

Der Therapeut sollte vermitteln, daß der Entschluß, ein Verhalten zu verändern in aller Regel noch nicht zur Veränderung des Verhaltens führt.

„Wenn das so einfach wäre, dann könnten wir uns Psychotherapie sparen und Unterschriftensammlungen gegen Rauchen initiieren."

Der Therapeut sollte vermitteln, daß Verstärkerentzug automatisch zunächst zu einer Zunahme des Dranges führt, das jeweilige Verhalten zu verstärken.

---

4. Aversive Konsequenzen

– Der Therapeut sollte aversive Konsequenzen transparent gestalten.

– Er kann Mißbilligung, Konfrontation und Entzug von Wärme einsetzen.

– Wenn notwendig, kann eine Therapiepause vereinbart werden.

– Beendigung der Therapie als letztes Mittel.

Knüpft man eine, im jeweiligen Kontext subjektiv als unangenehm erlebte, Konsequenz an ein Verhaltensmuster, so spricht man von Bestrafung. Diese Maßnahme ist sicherlich wirkungsvoll, belastet aber in hohem Maße die Beziehung und ist häufig problematisch, da es für den Betroffenen oftmals schwierig ist, zwischen dem jeweils bestraften Verhalten und seiner Person zu unterscheiden.

Im Rahmen der DBT greift man zu Bestrafung zurück, wenn die verstärkenden Konsequenzen von Verhalten mit hoher Priorität nicht unter der Kontrolle des Therapeuten stehen und keine wirksamen Verstärker zur Verfügung stehen. Bestrafung sollte daher immer wohlüberlegt, dosiert und möglichst kurz eingesetzt werden. Zudem sollte zeitgleich die Beziehungsebene gestärkt werden. Wenn eine Patientin zum Beispiel anstelle, wie vereinbart, sich mit ihrem traumatisierenden Partner auseinanderzusetzen, sich mittels Suiziddrohungen einen längerfristigen Aufenthalt in der Psychiatrie verschafft, so liegt die Kontrolle der Konsequenzen des Verhaltens nicht in der Hand des Therapeuten. In diesem Falle wäre folgende Intervention per Telefon möglich:

Beispiel

„Oh, Sie sind also stationär aufgenommen worden, am Abend nach unserer letzten Sitzung. Sie hatten es auch nicht für nötig gefunden, mich anzurufen? Ok, ich denke, Sie kennen die Regeln und wissen, was man tun muß, um möglichst lange stationär zu bleiben. Für Sie ist dies sicherlich gegenwärtig die beste Möglichkeit, sich vor der Beziehungsdebatte zu drücken. Nicht nur das, Sie werden sich wieder daran gewöhnen, wie einfach es ist, sich stationär aufnehmen zu lassen, sobald ernsthafte Schwierigkeiten auftauchen. Schade, ich hatte gerade so ein gutes Gefühl

---

Ihnen gegenüber, mir hat die Arbeit wirklich Spaß gemacht. Aber nach dieser Aktion denke ich, ist es besser, zunächst mal 14 Tage Therapiepause einzulegen. Rufen Sie mich wieder an, wenn sie weitermachen wollen?"

Therapiepausen sind eine wirksame aber auch gefährliche Notfallstrategie. Sie sollte erst eingesetzt werden, wenn alle anderen Konsequenzen nicht gewirkt haben und das Verhalten so schwerwiegend ist, daß es die therapeutischen und persönlichen Grenzen des Therapeuten übersteigt. Die Therapiepause sollte also erst dann eingesetzt werden, wenn der Therapeut sicher ist, daß er keine Therapie fortsetzen kann, solange das problematische Verhalten aktiv ist. Therapiepausen machen jedoch nur Sinn, wenn die Patientin durch diese Pause ihre höherrangigen Ziele (z. B. Aufrechterhaltung der therapeutischen Beziehung) gefährdet sieht. Ist dies der Fall, kann sie lernen, an Stelle des Problemverhaltens funktionalere Muster zu entwickkeln, welche sowohl zur Bedürfnisbefriedigung als auch zur Aufrechterhaltung der Beziehung führen.

Folgende Schritte sind notwendig:

1. Das zu verändernde Verhalten muß genau definiert werden.

2. Der Therapeut sollte eine vernünftige Chance gewähren, die Therapiepause zu vermeiden.

3. Die Bedingungen sollten an die persönlichen Grenzen des Therapeuten geknüpft werden („... *also ich persönlich weiß unter diesen Bedingungen nicht mehr weiter, vielleicht finden Sie ja einen Therapeuten, der das schafft*").

4. Der Therapeut muß klarlegen, daß die Patientin zur Therapie zurückkehren kann, sobald sie ihr Verhalten ändert oder die Zeitspanne verstrichen ist.

5. Der Therapeut sollte der Patientin ermöglichen, während der Therapiepause schriftlichen Kontakt mit ihm aufzunehmen.

6. Der Therapeut sollte für ein adäquates Notfallnetzwerk sorgen.

Abbruch der Therapie ist sicherlich die äußerste aversive Konsequenz. Eingehende Beratung der Supervisionsgruppe, zusammen mit der Patientin und dem Therapeuten sollten diesem Schritt vorgeschalten werden. Wenn die therapeutische Beziehung völlig zerrüttet ist, so sind die Fehler in erster Linie in der ungenügenden Supervision, in zweiter Linie beim Therapeuten oder der falschen Therapiemethode zu suchen. Alle Beteiligten sollten sich hüten, die Patientin oder deren mangelnde Kooperationsbereitschaft zu beschuldigen. Zudem liegt es im Aufgabenbereich des Therapeuten, der Patientin bei der Suche nach einem neuen Therapeuten behilflich zu sein.

6 Das Behandlungsmodul Fertigkeitentraining (Skillstraining) in der Gruppe

6.1 Rahmenbedingungen

Nicht nur, weil sie viel Zeit in Anspruch nehmen und die therapeutische Beziehung stören, empfiehlt es sich, die „Skills" im Rahmen eines eigenständigen Behandlungsmoduls zu etablieren, – sie sind einfach zu wichtig, um sie dem Einzeltherapeuten zu überlassen. Der klinische Alltag zeigt, daß erfolgreich behandelte Borderline-Patientinnen die Bedeutung der „Skills" für den Therapieerfolg am höchsten einschätzen. Diese Einsicht stellt sich freilich erst nach guten Erfahrungen ein und diese wollen erst mal gemacht werden. In aller Regel müssen die Patientinnen zunächst motiviert werden, diese scheinbar „alltäglichen Fertigkeiten" zu trainieren.

Überließe man diesen Aufgabenbereich alleine der Einzeltherapie, so fänden sich stets gute Gründe, vorrangige Probleme zu bewältigen, oder über die therapeutische Beziehung zu reflektieren, so daß die Gefahr besteht, daß das Spektrum der „Skills" vernachlässigt werden würde.

Sicherlich stellt die Konzeption einer parallelen gruppen- und einzeltherapeutischen Behandlung im Rahmen der derzeit üblichen Erstattungsverfahren ein zentrales Problem dar. Nur in seltenen Fällen wird man die Kassen oder den Medizinischen Dienst der Kassen (MDK) davon überzeugen können, daß die empirischen Daten klar für eine Überlegenheit des kombinierten Konzeptes sprechen. Es gibt jedoch mehrere Möglichkeiten, mit dieser Problematik umzugehen. Das wohl ausgereifteste Konzept wird derzeit in Darmstadt praktiziert: Dort hat sich ein „Netzwerk" von ca. 30 niedergelassenen Therapeuten etabliert, die mit dem MDK Sondermodalitäten für die Behandlung von Borderline-Patienten nach DBT ausgehandelt haben: Die Einzeltherapie wird in zweiwöchiger Frequenz über den Zeitraum von zwei Jahren finanziert, zusätzlich 80 Stunden Gruppentherapie. Im Rahmen dieses Netzwerkes werden immerhin zeitgleich etwa 60 Patienten mit BPS behandelt. Die Therapieergebnisse werden modellhaft evaluiert (Gunja, 2000). Eine weitere Möglichkeit besteht darin, Netzwerke zwischen ambulanten Therapeuten und Ambulanzen von Kliniken zu bilden. Dieses Modell wird derzeit an einigen Universitätskliniken erprobt. Zumeist bieten die Kliniken die Skillsgruppen an. Auch eine Selbstbeteiligung der Patientinnen an der Finanzierung der Skillsgruppen ist denkbar. Falls keinerlei Vernetzungen möglich sind, sollte der Therapeut dennoch im Rahmen seiner Therapie zwischen „Fertigkeitentraining" und „Einzeltherapie" unterscheiden. Manche Kollegen haben gute Erfahrung damit gemacht, jeweils einen Termin die Woche für die Skillsvermittlung zu reservieren. Im folgenden soll dennoch das „Standardmodell" vorgestellt und diskutiert werden.

Einzeltherapeuten sollten separate Skillstermine vereinbaren

So viele Vorteile die „Auslagerung" der Skillsvermittlung in die Gruppe mit sich bringt, so birgt sie doch die Gefahr, daß die Umsetzung der Skills im Alltag, also in die individuelle, tagtägliche Problemlösung, unterschätzt wird. Dies liegt im Aufgabenbereich des Einzeltherapeuten. Dieser sollte also zunächst das Repertoire der Skills beherrschen, am besten selbst eine Skills-Gruppe geleitet haben. Häufig verwenden Patientinnen spontan Skills, ohne sich dessen bewußt zu sein. Der Einzeltrainer sollte die Patientin darauf hinweisen und die Skills als solche benennen.

Beispiel
Patientin: „Es war so anstrengend in der Arbeit. Vor allem in der Pause, ich wußte nicht mit wem ich reden sollte, ich kam mir voll blöd vor. Ich bin dann aber trotzdem geblieben."
Therapeut: „Wie haben Sie das gemacht?"
Patientin: „Nun, ich habe mir gesagt, daß ich dieses Praktikum unbedingt durchhalten will, weil ich schließlich die Finanzierung für die Umschulung will ..."
Therapeut: „Prima, das ist übrigens ein Skill: ‚Orientierung auf das Ziel' – ein sehr wirkungsvoller Skill, der hilft, kurzfristige Krisen zu überwinden, achten Sie mal darauf, ob Sie ihn öfter einsetzen können."

„Skills-Labeling"

Zudem sollte der Einzeltherapeut grundsätzlich versuchen, jedes aufgeworfene Problem in einer „aktive Sprachregelung" zu formulieren und Lösungsmöglichkeiten „mit der Skillsbrille" zu suchen.

Beispiel
Patientin: „Und als ich schließlich völlig unter Strom stand, wurde ich suizidal, habe dann aber doch beschlossen, mich lieber zu schneiden ..."
Therapeut: „Das heißt, Sie fingen an, Suizidgedanken zu produzieren. Was für Skills zur Spannungsregulation haben Sie denn eingesetzt?"
Patientin: „Keine, die helfen doch eh nichts, wenn es darauf ankommt."
Therapeut: „Welche Spannungsregulationsskills haben Sie denn in Ihrem Repertoire?"
Patientin: „Nun, ‚Überbrücken' hilft manchmal."
Therapeut: „Prima, und warum klappte es diesmal nicht?"
Patientin: „Ich habe einfach nicht daran gedacht."
Therapeut: „Ok, was können Sie tun, um das nächste Mal daran zu denken?"

Aktive Sprachregelung

6.2 Struktur des Fertigkeitentrainings

Das von Linehan entwickelte Manual zum Fertigkeitentraining liegt in deutscher Übersetzung vor (Linehan, 1996b). Therapeuten, die Skills-Gruppen leiten wollen, sei die Lektüre dieses Manuals selbstverständlich empfohlen. Im Rahmen dieses Bandes werde ich mich daher auf die wesentlichen Aspekte beschränken.

Das Skillstraining erstreckt sich über den Ablauf eines Jahres, während dessen das komplette Programm zweimal durchgeführt wird. Diese Wiederholung hat sich bewährt, da die kognitive Aufnahmefähigkeit der Patientinnen gerade zu Beginn der Behandlung aufgrund von Dissoziation und starker innerer Anspannung doch häufig stark eingeschränkt ist. Das gesamte Programm gliedert sich in vier Module (vgl. auch Karte „Skills"):

Module des Fertigkeitentrainings
– Streßtoleranz
– Emotionsmodulation
– Zwischenmenschliche Fertigkeiten
– Innere Achtsamkeit

Für jedes der 4 Module sollten etwa 8 Sitzungen veranschlagt werden

Für jedes Modul sollten etwa 8 Sitzungen veranschlagt werden. Jeweils zu Beginn eines neuen Moduls können die Teilnehmerinnen wechseln. Es hat sich als günstig erwiesen, wenn zwei Therapeuten sich die Leitung der Gruppe (8 bis 10 Patientinnen) teilen.

Ziel und Inhalt des Skillstrainings ist die Vermittlung, das Üben und das Generalisieren von spezifischen Fertigkeiten. Es handelt sich also keinesfalls um eine interaktive Gruppe. Zwischenschliche Schwierigkeiten sollen, wenn überhaupt, so rasch als irgend möglich geklärt werden, oder – und dies wäre die Regel – an die Einzeltherapie verwiesen werden. Auch für die Bearbeitung von individuellen Krisen ist nicht die Skills-Gruppe, sondern der Einzeltherapeut zuständig. Diese Trennung ist essentiell und von den beiden Gruppenleitern strikt einzuhalten, da ansonsten rasch „Mutationen" zur prozeßorientierten Gruppe einsetzen. Eine zeitgleiche begleitende DBT-Einzeltherapie ist Bedingung für die Teilnahme an der Gruppe.

Teilnehmer können zu Beginn eines Modules neu einsteigen

Mögliche Fehlzeiten, Modalitäten von Terminabsagen usw. sollten von vornherein festgelegt werden. Es hat sich bewährt, die Einzeltherapie an die regelmäßige Teilnahme am Skillstraining zu knüpfen und den Behandlungsvertrag unterschreiben zu lassen. Da, wie bereits ausgeführt, die Krankenkasssen in der BRD derzeit die zeitgleiche Finanzierung der Gruppentherapie nur nach Absprache übernehmen, muß eine Finanzierungsregelung getroffen werden.

6.3 Überblick über den Aufbau der Sitzungen

Es hat sich bewährt, zwei bis zweieinhalb Stunden pro Sitzung zu veranschlagen. Die erste Hälfte ist zunächst der Begrüßung und dem Eröffnungsritual gewidmet, anschließend werden die Übungen und Hausaufgaben besprochen. Nach einer Pause, während derer auch ein kleiner Imbiß, Kaffee oder Tee gereicht werden kann, folgt im zweiten Teil die Vermittlung von neuen Inhalten. Neue Hausaufgaben und ein Abschlußritual runden die Sitzung ab.

Zeitrahmen: Ca. 2,5 Stunden pro Sitzung

a) *Eröffnungsphase*

Wir beginnen jede Stunden nach der Begrüßung zunächst mit einer einfachen Achtsamkeitsübung. Kommt ein Mitglied der Gruppe zu spät, so wird vereinbart, daß sie beim nächsten Mal allen Teilnehmern eine kleine Aufmerksamkeit zukommen läßt. Gibt es organisatorische Belange, so sollten diese hier kurz besprochen werden.

Mit einer Achtsamkeitsübung beginnen

b) *Hausaufgaben und Übungsversuche*

Die Therapeuten bitten alle Teilnehmer nacheinander, der Gruppe mitzuteilen, welche Fertigkeiten während der letzten Woche geübt wurden, oder versucht worden sind, zu üben. Jede Teilnehmerin erhält dafür etwa 10 min Zeit. Die Tatsache, daß auch das Nichtüben genau analysiert wird, erhöht die Motivation, die Fertigkeiten während jeder Woche zumindest einmal zu probieren. Diese Phase der Sitzung verlangen von den Therapeuten ein hohes Maß an „Fingerspitzengefühl", da einerseits darauf bestanden werden sollte, daß jede Teilnehmerin über ihre Versuche berichtet, andererseits aber auch die jeweiligen Schwierigkeiten validiert werden müssen. Dies betrifft insbesondere die Neigung der Patientinnen, sich selbst negativ zu beurteilen oder hartnäckig an unerreichbaren Maßstäben festzuhalten. Es empfiehlt sich, sehr früh auf negative Grundannahmen einzugehen und deren Tendenz, sich permanent kognitiv zu bestätigen. So fällt es leichter, mit Scham, Angst vor Kritik, Demütigung oder Verlegenheit umzugehen. Das Klima der Gruppe sollte unterstützend, lösungsorientiert, ressourcenorientiert und, wenn möglich heiter und humorvoll sein. Bereits in der zweiten Stunde werden die Grundlagen der inneren Achtsamkeit und die Regel: „Nicht bewerten!" eingeführt. Es kann durchaus ein kreatives Klima entstehen, wenn gemeinsam beobachtet wird, wie häufig Bewertungsprozesse in die Selbst- und Fremdbeobachtung einfließen.

Bei der Hausaufgabenkontrolle stets auf negative Grundannahmen achten!

Nicht bewerten!

Berichten die Patientinnen über Schwierigkeiten in der Anwendung von Skills, so sollten die Gruppenleiter Problemlösestrategien einsetzen und modellhaft vorführen, wie sich Situationen und Verhaltensweisen analysieren lassen und wie Selbstmanagementfertigkeiten angewendet werden können. Es geschieht, gerade in der Anfangsphase, immer wieder, daß Patientinnen berichten, sie hätten überhaupt nicht geübt. Der Therapeut sollte dies nicht wörtlich nehmen. Meistens eröffnen detailliertere Analysen, daß kurz versucht wurde, zu üben, aber die jeweiligen Fertigkeiten nicht sofort effektiv waren. Das Setzen von realistischen Zielen und Verstärken von Shaping-Prozessen wäre die entsprechende Strategie. Nicht jede Patientin muß jede Fertigkeit lernen. Das Manual beinhaltet eine Vielzahl von Skills, die Patientin kann probieren, welche für die Lösung ihrer Probleme angemessen erscheinen und diese üben. Es erscheint also sinnvoller, sich einige wenige Fertigkeiten gut anzueigen, als eine Vielzahl oberflächlich kennen zu lernen. Gibt eine Patientin an, tatsächlich „keine Lust" auf Übungen gehabt zu haben, so sollte auch darauf im Sinne einer kurzen Verhaltensanalyse und Problemlösungsstrategien eingegangen werden.

Nicht jede Patientin muß jede Fertigkeit lernen

Interaktionelle und motivationale Probleme bearbeitet der Einzeltherapeut

c) *Vermittlung von neuem Material*

Skills möglichst mit eigenen Erfahrungen „würzen"

Auch wenn es sich um „Unterricht" im besten Sinne, also um Vermittlung von neuem Wissen handelt, so sollte der Leiter doch versuchen, den Stoff an eigene Erfahrungen oder Erfahrungen der Patientinnen zu knüpfen. Kurze Anekdoten, Metaphern, Rollenspiele oder Befragungen der ganzen Runde sind Bestandteil der Didaktik. Es ist auch hier darauf zu achten, daß bisweilen auch die Vermittlung von abstraktem Wissen bei Patientinnen aversive Assoziationen und Emotionen auslösen kann. Starke Anspannung oder Dissoziation während der Sitzung sollte, wenn möglich, zur kurzen Vermittlung von Skills genützt werden.

d) *Ausklang – „Wind-down"*

Um zu verhindern, daß aktivierte emotionale Prozesse nach der Sitzung zu unkontrolliert dysfunktionalem Verhalten führt, empfiehlt es sich, sog. „wind-down" Rituale einzuführen.

Achtsamkeits-Übungen zum Abschluß

Entspannungsübungen, Visualisierungen, Meditation oder Atemübungen haben sich bewährt. Diese Übungen sollten nicht mit geschlossenen Augen und über einen beschränkten Zeitraum von etwa fünf Minuten durchgeführt werden. Eine weitere Methode besteht in einer kurzen Abschlußrunde, während derer jede Patientin über Aspekte berichtet, die sie während der Sitzung an sich selbst oder bei anderen beobachtet hat. Wesentlich hierbei ist, daß diese Beobachtungen entsprechend der Gesetzmäßigkeit der inneren Achtsamkeit *nicht bewertend* berichtet werden. „Ich beobachtete, daß ich Schwierigkeiten hatte, mir diese Übung konkret vorzustellen." „Ich beobachtete, daß der Gedanke, diese Übung tatsächlich durchzuführen, mir einiges Bauchgrimmen bereitet hat." Diese „Beobachtungsrunde", an der sich selbstverständlich auch der Therapeut beteiligt, hilft, emotionale Prozesse zu relativieren und sich davon zu distanzieren.

6.4 Strukturierung der ersten Sitzung

Vorstellung der Teilnehmer
Klärung der Rahmenbedingungen
– Anordnung und Dauer der Trainingsmodule – Persönliche Probleme werden in der Einzeltherapie geklärt – Telephongespräche mit Skillstrainern nur zur Klärung organisatorischer Probleme – Behandlungsverträge (vgl. Anhang, S. 128)
Zielorientierung
– Ziele des Therapeuten – des Co-Therapeuten – jedes einzelnen Gruppenmitgliedes
Einführung der Spannungsskala

– „Spannungsbogen" aushändigen (vgl. Anhang, S. 127)
– Zuordnung der jeweiligen Spannungsdimensionen zu spezifischen Fertigkeiten:
  – 0 bis 3: Innere Achtsamkeit
  – 4 bis 7: Emotionsmodulation
  – 8 bis 10: Streßtoleranz

Hausaufgabe
– Übungen zur subjektiven Einschätzung der situativen Anspannung

Spannungs-
skala gilt als
„Eichinstru-
ment" für die
Auswahl der
jeweiligen Skills

6.5 Die vier Module des Fertigkeitentrainings

6.5.1 Innere Achtsamkeit

„Meditieren bedeutet also in erster Linie, die Energie der Achtsamkeit zu erzeugen, damit sie sich unseres Körpers, unserer Gefühle und unserer Wahrnehmung annimmt.

Wirkliches Leben erfahren wir nur im Hier und Jetzt. Die Vergangenheit ist schon vorüber, und die Zukunft ist nicht da. Nur im gegenwärtigen Augenblick können wir das Leben wirklich berühren.

Laufe nicht der Vergangenheit nach. Verliere dich nicht in Sorgen um die Zukunft. Die Vergangenheit ist nicht mehr. Die Zukunft ist noch nicht gekommen.

Ich atme ein und komme zur Ruhe, ich atme aus und lächle. Ich atme ein und weiß: Ich lebe. Ich atme aus und lächle dem Leben zu.

Ich atme ein, ich atme aus. Und ich blühe wie eine Blume. Ich bin frisch wie der Tau. Ruhig und stark wie die Berge, wie die Erde so fest. Ich bin frei."

Aus: Thich Nhat Hanh: Schritte der Achtsamkeit, Herder Verlag, 1998.

Innere Achtsamkeit = „wise mind" — Basierend auf der Philosophie und Methodik des Zen integriert die DBT Übungen in das Behandlungskonzept, deren Wirksamkeit auf physiologische und psychologische Aspekte der inneren Anspannung mittlerweile auch empirisch nachgewiesen werden konnten.

wise-mind = Balance zwischen Gefühl und Vernunft — Etwas populistisch aber leicht vermittelbar unterscheidet die DBT zwischen „Vernunft", „Gefühl" und „intuitivem Verstehen" (wise mind). Innere Achtsamkeit zielt auf die Balance von Gefühl und Vernunft, um auf diese Weise intuitives Selbstverständnis zu stärken.

Die „Was"-Fertigkeiten der inneren Achtsamkeit

- *Wahrnehmen – Beschreiben – Teilnehmen*

„Was-Fertigkeiten" — Ziel dieser Fertigkeiten ist Bewußtheit im Alltag. „Bewußtheit" meint beobachtende Zugewandtheit zu sich selbst und den Dingen der Welt, ohne sich in die emotionalen Belange zu verstricken. Anfänger des Violinspieles beispielsweise achten sehr bewußt und genau auf die Fingerhaltung, die Bogenführung, zählen vielleicht die Takte oder benennen die Noten. Diese Haltung wäre mit Bewußtheit zu beschreiben.

Wahrnehmen — *Wahrnehmen* heißt, sich Ereignissen, Emotionen oder Gedanken zuzuwenden, ohne zu versuchen, ihnen auszuweichen, wenn sie schmerzhaft sind, oder sie festzuhalten, wenn sie angenehm sind. „Wahrnehmung" erfordert eine innere Distanz zum Geschehen, „einen Schritt zurück". Einen Herzschlag wahrnehmen ist etwas anderes als der Herzschlag selbst, die Atmung wahrnehmen ist etwas anderes als die Atmung selbst, eine Emotion wahrzunehmen ist etwas anderes, als die Emotion selbst. Jede Löschung von automatisierten Vermeidungsreaktionen setzt eine bewußte Steuerung der Wahrnehmung voraus.

Wahrnehmungsübungen

Die Wahrnehmungsübungen sollten zunächst bei offenen Augen durchgeführt werden und möglichst Sinnesmodalitäten betreffen, die nicht mit traumatischen Erfahrungen assoziiert sind.

- Wahrnehmung von *Geschmacksreizen:*
  Verschiedene Säfte, Limonaden, Bonbons, Brausetabletten

- Wahrnehmung von *Gerüchen:*
  Gewürze, Essenzen, Parfums, Früchte

- Wahrnehmung von *Geräuschen:*
  Klangschalen, Tonaufnahmen, Alltagsgeräusche

- Wahrnehmung von *Kognitionen:*
  „Zählen Sie von eins bis zehn, tun Sie nichts anderes und beginnen Sie wieder bei Eins, wenn Sie bei zehn angekommen sind. Wann immer Ihnen ein Gedanke durch den Kopf geht, beobachten Sie diesen und konzentrieren Sie sich wieder auf das Zählen."

- Wahrnehmung von virtuellen *Körpergrenzen:*
  „Bitten Sie einen Partner, sich aus einiger Entfernung auf Sie zuzubewegen. Beobachten Sie ihre Körperreaktion, wenn er Ihnen zu nahe kommt. Bitten Sie ihn, sich zu entfernen, beobachten Sie erneut Ihre Körperreaktion."

Beschreiben: Die Fähigkeit, eigenes Verhalten oder Umweltereignisse zu benennen, ist wesentlich für Kommunikation und Selbstkontrolle. Im Beschreiben entsteht Distanz. Es erleichtert den kontinuierlichen Lernprozeß, daß Emotionen und Kognitionen lediglich Reaktionsmuster auf verschiedene Aspekte der Wahrnehmung sind und nicht als Widerspiegelungen tatsächlicher Ereignisse zu verstehen sind. **Beschreiben**

Übungen zum Beschreiben

„Begeben Sie sich zum Hauptbahnhof. Setzen Sie sich auf eine Bank und wählen Sie ein genau definiertes Blickfeld aus. So, als ob Sie eine Kamera mit einem bestimmten Blickfeld einrichten würden. Nehmen Sie ein Diktiergerät mit und beschreiben Sie, was Sie beobachten. Um sich das „nicht zu bewerten" zu erleichtern, können Sie ja so tun, als sein Sie ein extraterrestrisches Wesen, das erstmals gelandet ist, und seiner Ufo-Zentrale Informationen sendet."

„Gehen Sie in eine Videothek, besorgen Sie sich einen Spielfilm, in welchem eine Szene vorkommt, die Sie emotional sehr bewegt hat. Sehen Sie sich die Szene mehrfach an und zwar aus Sicht des Kameramannes. Also so, als ob Sie die Kamera führen würden und beschreiben Sie genau, was sie sehen. Achten Sie darauf, wie sich die Emotionen während des Beschreibens ändern."

„Suchen Sie sich einen emotional stabilen Partner und beschreiben Sie genau dessen Gesicht. Achten Sie darauf, nicht zu bewerten."

Teilnehmen meint das vollständige Aufgehen in einer Aktivität. Bei hoher Wachheit, Konzentration und Bewußtheit, ohne sich von Nebensächlich- **Teilnehmen** keiten oder Reflexionen ablenken zu lassen. Jede Form der Kunstausübung, musizieren, oder malen etwa vollzieht sich unter diesen Bedingungen, aber auch der Sport. Denken sie an einen Tennisspieler, der hochkonzentriert den Gegner, den Ballverlauf, seine eigenen Reaktionen beobachtet und doch ständig mit all seinen Sinnen auf einen einzigen Punkt fokussiert.

Übungen zum „Teilnehmen"

Fast alle täglichen Verrichtungen lassen sich für „achtsames Teilnehmen" heranziehen. Beginnend beim „Zähneputzen" bis zur Verrichtung des Haushaltes. Wichtig erscheint, daß man sich eine feste Zeitvorgabe wählt, etwa 15 min pro Tag und diese mit einem Wecker kontrollieren läßt. Oder man wählt sich limitierte Handlungsabläufe wie Teekochen. Als Gruppenübung eignet sich beispielsweise der Versuch, ein ungekochtes Ei auf die Spitze zu stellen, ohne es zu zerstören. Auch viele Variationen von Geschicklichkeitsspielen können als achtsames Teilnehmen gut zu Beginn einer Gruppensitzung eingesetzt werden: Mikado mit großen Stäbchen, Jenga, Kartenhäuser bauen, etc.

„Wie"-Fertigkeiten der inneren Achtsamkeit

- *„Die Bewertung ist die Pforte zur Emotion"*

Wie-Fertigkeiten

Lernen, ohne Attribution zu beschreiben, ist ein schwieriger und langwieriger Prozeß. Gerade traumatisierte Menschen aktivieren zumeist automatisiert komplexe Bewertungsmuster, die dann rasch in emotionale Prozesse münden. Fast alle therapeutischen Methoden, die auf die Revision traumaassoziierter Schemata zielen, führen eine Metapher für „nicht-bewertende Beobachtung" ein. Der „Innere Beobachter" etwa, wie ihn Reddemann (2000) installiert, ermöglicht ebenfalls eine beschreibende, distanzierte Beobachtung des inneren, häufig sehr emotionalen Erlebens.

„don't judge"

- *Konzentration*

„Mache nur eine Sache zu einer Zeit"

Patientinnen mit BPS müssen lernen, Kontrolle über die Aufmerksamkeit zu erlangen, die Fähigkeit entwickeln, sich nicht von Gedanken oder Bildern aus der Vergangenheit ablenken zu lassen und sich in Grübeleien zu verstricken. Verhaltensanalysen von Alltagssituationen, die in dysfunktionalen Handlungen münden, zeigen immer wieder, daß während vielfacher Tätigkeiten Gedankenschleifen aktiviert werden, die sich durch Konzentration auf den Augenblick unterbrechen lassen. Ein wichtiges Beispiel stellen bulimische Attacken dar. In aller Regel konzentrieren sich die Betroffenen während der Freßanfälle gerade nicht auf das Essen, sondern lenken sich durch Zeitungslesen, Fernsehen oder sonstiges ab. Konzentration auf das Essen selbst, ... („Tun Sie nichts anderes als zu essen, legen Sie alles andere beiseite ... konzentrieren Sie sich auf jeden einzelnen Bissen, auch jede Geschmacksnuance, auf jede Veränderung Ihrer Körpersignale...") ist häufig aversiv, aber eine wirkungsvolle Behandlungsstrategie.

- *Wirkungsvolles Handeln*

„Handle wirkungsvoll"

Gemeint ist damit effektives, zielgerichtetes Handeln, unter Anwendung der jeweils gegebenen Regeln und Ausschöpfung der maximalen Möglichkeiten. Patientinnen mit BPS entwickeln häufig starke Abneigung, reale Gegebenheiten, „so wie sie sind", zu akzeptieren. Die Konstruktion von optimaleren Alternativen „so sollte es eigentlich sein ..." eröffnet vielfältige Möglichkeiten des Zweifelns und der Untätigkeit. Ein anderes Problem skizziert sich in der Angst „sich zu verlieren", wenn man „nach den Regeln" spielt – ein typisch adoleszentäres Phänomen.

„Play the game"

Metapher
Ein Wanderer, der von einem heftigen Unwetter überrascht wird, jedoch vergessen hat, sich entsprechende Schutzkleidung einzupacken, könnte in heftiges Klagen über das Wetterpech oder seine eigene Dummheit verfallen, triefnaß bei schlechten Sichtverhältnissen weiterlaufen, um sich schließlich ernsthaft zu gefährden. Er könnte aber auch beginnen, sich nach einem wirkungsvollen Unterstand umzusehen, vielleicht eine kleine Höhle etwas erweitern, dafür sorgen, daß das Wasser abgeleitet wird und ein kleines Feuer Wärme spendet.

6.5.2 Fertigkeiten zur Streßtoleranz

- *Zielsetzung*

Radikale Akzeptanz

Die Fertigkeiten zur Streßtoleranz greifen die Essenz der inneren Achtsamkeit auf – sie sind allesamt dialektisch organisiert: „Veränderung durch Akzeptanz". Therapeuten und Patientinnen gleichermaßen greifen in aller Regel begierig nach Möglichkeiten, die innere Anspannung möglichst rasch und effektiv zu reduzieren. Der Lehre des „Annehmens und Ertragens von hohen Belastungen und Schmerzen" wird gemeinhin im psychotherapeutischen Denken wenig Raum gegeben. Traditionsgemäß wird diese Kunst eher spirituellen und religiösen Gruppen oder Führern überlassen. Sei es der Zusammenbruch der großen westlichen Religionen, sei es die von Medien und Kapital suggerierte Botschaft des „anything is possible" – es ist schwierig geworden, Hilfestellung zu finden bei dieser wesentlichen Komponente menschlicher Existenz. In der DBT hat das Ertragen von Schmerzen auf annehmende Weise eine wichtige, tiefgreifende Bedeutung. Streßtoleranz ist die Fähigkeit, die Umgebung und die eigene innere Befindlichkeit, so wie sie im Augenblick sich darstellt, gewahr zu werden und anzunehmen. Dies ist nicht mit Billigung oder Gutheißen gleichzusetzen. Es ist sehr wichtig, sich selbst und den Patientinnen diesen Unterschied zu verdeutlichen. Das Annehmen der Realität entspricht nicht dem Gutheißen der Realität. Auch wenn im folgenden, aus Platzgründen, nur kurz die wesentlichen Techniken der „Spannungsreduktion" erklärt werden, so zielt doch die gesamte therapeutische Arbeit mit Borderline-Patientinnen auf eine Verbesserung der „inneren Bereitschaft", das Leben in all seinen Facetten, also auch den schmerzlichen anzunehmen. So, wie die Mutter eines behinderten Kindes diese tiefschmerzhafte Erfahrung annehmen muß, um die Liebe zu ihrem Kind entfalten zu können (Details bei Linehan, 1996b).

Streßtoleranz-skills dienen dem Überleben in der gegenwärtigen Situation Zu Beginn dieses Moduls sollte den Patientinnen vermittelt werden, daß es sich bei den Streßtoleranzskills um Überlebensstrategien handelt. Also um Fertigkeiten, Katastrophen, die gegenwärtig nicht zu ändern sind, zu überleben und auf Handlungen zu verzichten, die alles nur noch schlimmer machen. Im Diskussionsprozeß werden zunächst die persönlichen Erfahrungen mit extremen Belastungssituationen herausgearbeitet. „Was habe ich getan, als ich nichts mehr bewirken konnte ..." Im zweiten Schritt wird vermittelt, das Machbare zu tun. Dies bedeutet also – sich selbst das Überleben zu erleichtern, immer vor dem Hintergrund, daß die Situation zunächst als solche akzeptiert wird.

Die „Bewältigungsstrategien" zielen auf die Abschwächung oder Auflösung aktivierter kognitiv-emotionaler Schemata und vollziehen sich schrittweise:

Bausteine der Streßtoleranz
– Wahrnehmung und Akzeptanz des aktivierten Schemas
– „Schritt zurück"
– Bewußte Wahl einer Strategie
– Einsatz einer Strategie, die zur Abschwächung oder Veränderung des Schemas führt
– Realitätsorientierung

Die Strategien selbst gliedern sich in vier Ebenen:	
– Sensorische Ebene:	Fünf Sinne
– Physiologische Ebene:	Motorik und Atem
– Kognitive Ebene:	Den Augenblick verändern
– Handlungsebene:	Überbrücken

Je nach Ausmaß der inneren Anspannung ist die Patientin eventuell nicht mehr in der Lage, klar zu denken, geschweige denn sinnvolle Handlungsentwürfe zu konzipieren. Unter „Hochstreß" (Spannungsskala > 7) erscheint es demnach sinnvoll, zunächst mit Fertigkeiten auf der sensorischen Ebene zu beginnen, um drohende oder bereits aktivierte dissoziative Zustände zu beenden. Im zweiten Schritt kann dann auf Niederstreß-Skills zurückge-

82

griffen werden. Nur wenn diese Fertigkeiten noch nicht ausreichend trainiert sind, sollte auf Medikation zur Spannungsreduktion zurückgegriffen werden (siehe Seite 121). Im folgenden ist ein breites Repertoire von Möglichkeiten aufgezeigt. Der Therapeut sollte mit seinen Patientinnen jeweils einige wenige Streßtoleranzskills auswählen und diese trainieren.

- *Sensorische Ebene: Fünf Sinne*

Fühlen
Hochstreß: Nehmen Sie Eiswürfel in die Hand oder in den Mund. Nehmen Sie eine kalte Dusche (heiße Duschen sind wg. Analgesie zu vermeiden). Rollen Sie einen Igelball über Ihre Arme. Rollen Sie mit ihren bloßen Füßen über einem Holzstab. Schnupfen Sie eine Prise scharfen Schnupftaback.
Ansonsten: Nehmen Sie ein Schaumbad, Wenn möglich, lassen Sie sich massieren, Tragen Sie eine Bluse oder ein Kleid aus Seide etc.

Hören
Hochstreß: Produzieren Sie laute, knallende oder pfeifende Geräusche direkt an Ihrem Ohr.
Ansonsten: Setzen Sie den Kopfhörer auf und hören aufmunternde, rhythmische Musik. Gehen Sie nach draußen und konzentrieren Sie sich auf die Vögel.

Riechen
Hochstreß: Fächeln Sie sich Ammoniak zu.
Ansonsten: Fächeln Sie sich ihr Lieblingsparfum zu oder eine Essenz, die Sie sich gemischt haben, die Sie an angenehme Umstände erinnert (Sonnenmilch, Weihrauch, Thymian, Zimt etc.). Riechen Sie an Blumen; Gehen Sie in den Wald, schließen die Augen und achten Sie bewußt auf die Gerüche.

Schmecken
Hochstreß: Kauen Sie Chillichoten oder scharfe Sushi-Saucen. Beißen Sie in frischen Meerrettich.
Ansonsten: Lutschen Sie Pfefferminzbonbons; Probieren Sie verschiedene Eissorten aus; Pressen Sie sich frischen Orangensaft; Kaufen Sie sich eine exotische Frucht, schließen Sie die Augen und konzentrieren sich auf den Geschmack.

Sehen
Hochstreß: Blicken Sie nach oben! Bewegen Sie ihre Augen rhythmisch nach links und rechts; Beobachten Sie den Zeiger eines Metronoms. Spielen Sie ein einfaches „Jump and Run"-Computerspiel (Tetris, Packman), beachten Sie, daß der Monitor über Ihrer horizontalen Augenachse steht.

Bitten Sie jemanden, Fingerbewegungen zu machen, denen Sie mit Ihren Blicken folgen können.

Ansonsten: Sehen Sie sich Abbildungen in einem Kunstband an; suchen Sie sich einen alten Baum aus und „besuchen ihn mit Ihren Augen"; sehen Sie sich Fotos von Menschen an, die Ihnen liebevoll vertraut sind etc.

● *Physiologische Ebene: Motorik und Atem*

Körperhaltung
Achten Sie genau auf Ihre Körperhaltung: Krümmen Sie sich zusammen?, pressen Sie die Schultern nach vorne?, malmen Sie mit den Kiefern?, ballen Sie die Fäuste?, spannen Sie die Bauchmuskulatur an? Versuchen Sie, eine entspannte, aufrechte Haltung einzunehmen, so als ob Sie einen Apfel auf der Stirn balancieren würden. Drehen Sie die Handflächen nach vorne, entspannen Sie die Gesichtsmuskulatur zu einem sanften Lächeln.

Atmung
Achten Sie auf Ihren Atem. Sie brauchen keinem bestimmten Rhythmus folgen. Es genügt, wenn Sie den Atem beobachten. Am besten gelingt dies beim Gehen. Achten Sie auf Ihre Schritte und auf Ihre Atmung und auf den Rhythmus, der sich ergibt. Wenn Sie wollen, schicken Sie Ihren Atem in die Tiefe ihres Körpers.

Sport
Setzen Sie sich in Bewegung; Laufen, Fahrradfahren, Schwimmen, Reiten, Klettern, Ballspiele, Tanzen, Jonglieren etc.

● *Kognitive Ebene: Den Augenblick verändern*

Kognitive Prozesse setzen ein Mindestmaß an Spannungsreduktion voraus (Spannungsskala < 7). Vielen Patientinnen erscheint es hilfreich, zunächst mit sensorischen Fertigkeiten die Spannung zu reduzieren, um anschließend kognitive Fertigkeiten einzusetzen.

Flick-Flacks
Unter Hochstreß: Nennen Sie zehn Frauennamen, die mit dem Buchstaben A beginnen. Kombinieren Sie 20 Länder mit den jeweiligen Hauptstädten. Ziehen Sie von 100 immer 7 ab. Quadrieren Sie die Zahl 3 solange sie können. Erinnern Sie sich an die Bedeutung der Schutzheiligen?

Phantasie
Save place: „Schließen Sie die Augen, achten Sie darauf, welches Bild auftaucht, wenn Sie sich einen sicheren Ort vorstellen. Einen Ort, an dem Sie vollkommen geborgen, gehalten und sicher sind. Achten Sie darauf, was Sie sehen, hören, spüren ... Spüren Sie die Kraft, die sie daraus schöpfen ..." Diese Übung gilt als Standard-Visualisierung vor Trauma-Thera-

pien. Für Patientinnen mit BPS ist dies häufig schwierig, da selten Gefühle der absoluten Sicherheit erreicht wurden. Der Therapeut ist gehalten, aktiv zu gestalten.

Innerer Helfer: „Schließen Sie die Augen, achten Sie darauf, was Sie sehen oder spüren, wenn Sie Kontakt zu Ihren inneren Helfern aufnehmen." Diese Übung ist ebenfalls teilweise schwierig, da häufig Objekte visualisiert werden, die zwar tröstend waren, aber gleichzeitig konditionierte Stimuli für traumatische Erinnerungen sind. Also am besten keine biographisch realen tröstenden Menschen oder Objekte wählen lassen.

Phantasien: Erschaffen Sie sich eine neue Welt. Eine Welt, in der es Ihnen etwas besser ergeht als hier. Lernen Sie, den Ein- und Ausgang zu dieser Welt zu kontrollieren.

Gebet/Meditation
Öffnen Sie Ihr Herz einem höheren Wesen, größerer Weisheit, Gott, Ihrem eigenen spirituellen Wissen, der Urkraft der Natur oder dem Universum. Geben Sie die Dinge in die Hand dieses Gottes oder Wesens.

Sinngebung
Finden oder gestalten Sie eine Absicht, einen Sinn, einen Wert im Schmerz. Richten Sie Ihre Aufmerksamkeit auf alle positiven Aspekte der schmerzlichen Situation.

Konzentration auf den Augenblick
Bündeln Sie Ihre gesamte Aufmerksamkeit auf diesen einen Augenblick. Nehmen Sie nur die eine Sache wahr, die sie gegenwärtig tun. Nehmen Sie den Augenblick mit allen Sinnen wahr. So bleiben Sie im „Auge des Hurrikans".

Vergleichen
Denken Sie an Menschen, denen es schlechter geht; lesen Sie die Bild-Zeitung; beschäftigen Sie sich mit Unglücken und Hungersnöten etc.

Ermutigen
Vergegenwärtigen Sie sich Situationen, die Sie schon bewältigt haben. Sagen Sie sich laut: „Ich werde es aushalten", „es wird nicht ewig dauern", „Ich tue das Beste, was ich kann".

- *Handlungsebene: Überbrücken*

Aktivitäten
Beschäftigen Sie sich mit etwas; einen Freund anrufen, Computerspielen, Holz hacken, Aufräumen, Kochen, Backen, Einkaufen, Kinder hüten etc.

Unterstützen
Unterstützen Sie andere; Hilfe anbieten, eine Überraschung vorbereiten, jemandem etwas schenken.
Gefühle
Gehen Sie in romantische oder witzige Filme, lesen Sie Krimis etc.
Kurzer Urlaub
Gönnen Sie sich einen Kurzurlaub – mental, für 20 min. Kaufen Sie sich einen Comic und legen sich in die Hängematte. Ziehen Sie sich Urlaubskleider an und lassen es sich gründlich gut gehen. Oder, wenn Sie es sich leisten können, fahren Sie für zwei Tage weg. Mieten Sie sich in einem Wellness-Center ein und lassen Sie sich verwöhnen.

6.5.3 Emotions-Regulation

Emotionale Intensität und Labilität stellen sicherlich ein zentrales Problemfeld für Patientinnen mit BPS dar. Fertigkeiten, die auf eine Stabilisierung der emotionalen Befindlichkeit zielen, sollten von den Betroffenen eigentlich bereitwilligst aufgegriffen werden. Dennoch erweist es sich in der Praxis häufig als sehr schwierig, diese Fertigkeiten zu vermitteln. Dies mag u. a. in zwei Phänomenen begründet liegen: Zum ersten sind Borderline-Patientinnen häufig in sozialen Umfeldern aufgewachsen, in denen sie gezwungen waren, auf eine Kommunikation ihrer jeweiligen emotionalen Befindlichkeit zu verzichten. Viele berichten, daß sie von früh an Schwierigkeiten hatten, ihren Gefühlen „zu trauen". Anweisungen, eine jeweils aktivierte Emotion zu relativieren und kognitiv auf ihren Realitätsgehalt zu überprüfen, reaktivieren nicht selten eben diese Wahrnehmung, daß ihnen erneut kein Glauben geschenkt wird, daß „sie sich alles nur einbilden, daß sie sich ja bloß nicht so anzustellen brauchen".

Das zweite Problem erwächst daraus, daß Emotionen die intrinsische Funktion haben, die jeweilige Wahrnehmung und individuelle Interpretation von Ereignissen zu bestätigen. Je stärker und heftiger Emotionen zu Tage treten, desto stärker ist der Betroffene überzeugt, daß seine jeweilige Wahrnehmung stimmt. Es ist also wesentlich einfacher, schwache Emotionen zu relativieren, als starke Emotionen. Um mit diesen Problemfeldern umzugehen, hat es sich als sinnvoll erwiesen, den Patientinnen im Rahmen des Fertigkeitentrainings ein relativ umfangreiches theoretisches Wissen an die Hand zu geben. Das vorgestellte Modell integriert neurobiologische, evolutionstheoretische kognitive und behaviorale Aspekte. Es werden zwar empirische Befunde berücksichtigt, dennoch ist dieses stark vereinfachte Modell in erster Linie als heuristisches Konzept für den klinischen Gebrauch zu werten.

Neurobehaviorale Emotionstheorie

Emotionen sind als Netzwerk zu verstehen, das die Funktion hat, Informationen ohne Zeit- und Energieverlust zu verarbeiten, mit den Interessen des jeweiligen Individuums abzugleichen und in Handlungsentwürfe umzusetzen.

Mindestens fünf Komponenten wirken zusammen:
1. Physiologische Erregung
2. Affekt
3. Gedanken
4. Handlungsentwürfe
5. Motorik

Aktive Emotionsregulation integriert kognitive Prozesse. Bei Hochspannung also zunächst Streß-Toleranz-Skills anwenden

Emotionen sind als Regelkreise organisiert.

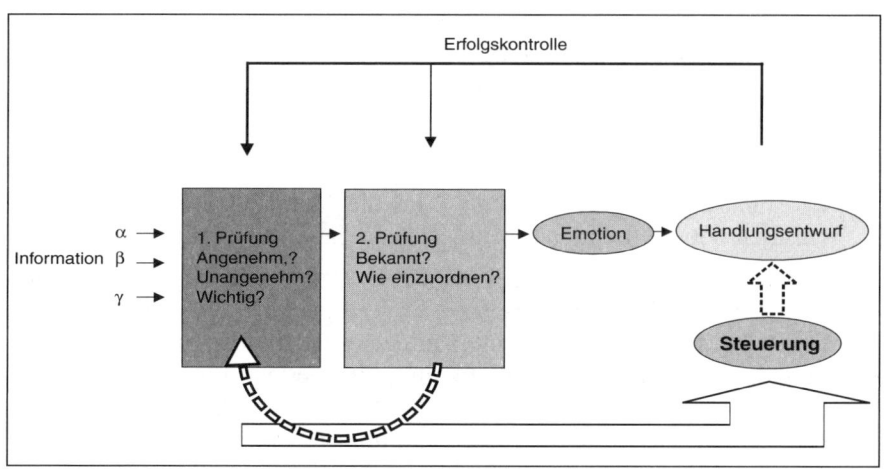

Abbildung 4:
Emotionaler Regelkreis

Emotionaler Regelkreis
1. Der Organismus reagiert zunächst auf Informationen aus der Umgebung (α), auf eigene Gedanken oder vorgeschaltete Emotionen (β) sowie auf physiologisch/motorische Phänomene (γ).
2. Diese Informationen werden von einigen Zentren des Gehirns auf Relevanz (wichtig, unwichtig) und Bedrohlichkeit (gefährlich, ungefährlich) überprüft (1. Prüfung). Werden die Informationen z. B. als wichtig und gefährlich eingestuft, so werden automatisch körperliche

Starke Emotionen haben starken Realitätscharakter

87

Reaktionen wie Anspannung der Muskulatur, Aktivierung des Kreislaufes, Ausschüttung von Hormonen etc. ausgelöst. Man spürt diese Aktivierung als innere Anspannung. Je stärker diese Zentren „feuern", desto „automatischer" reagieren wir, das heißt, desto schwieriger wird eine willkürliche Steuerung der Emotionen und Handlungen.

3. Etwas zeitversetzt überprüfen unsere Schemata (die Gesamtheit der bisher gemachten Erfahrungen) diese Informationen und unterziehen diese einem Vergleichsprozeß mit der gegenwärtigen Situation (2. Prüfung). Hier spielen bereits kognitive Prozesse, das heißt gelernte Erfahrungen und Einschätzungen der Gegenwart eine wesentliche Rolle, obgleich die meisten dieser Prozesse nicht bewußt ablaufen.

4. Je nach Ergebnis der Bewertungsprozesse aktiviert der Organismus nun Emotionen, die ebenfalls in der Regel nicht bewußt sind. Werden sie bewußt, so werden sie als Gefühle wahrgenommen.

5. Gekoppelt an diese Emotionen sind Handlungstendenzen. Also Entwürfe, die darauf zielen, unangenehme (aversive) Emotionen abzuschwächen oder zu beenden und angenehme (appetente) Emotionen zu verstärken oder zu verlängern.

6. In kurzen Zeitabständen finden Rückfragen statt, mittels derer der Organismus überprüft, ob die Situation sich geändert hat oder ob die Gefahr eventuell noch besteht.

7. In Abhängigkeit vom Ergebnis wird die Intensität der Emotion zunehmen oder abnehmen, eventuell auch ganz verschwinden.

8. Der Mensch ist in der Regel nicht gezwungen, diese Handlungsentwürfe auch in die Tat umzusetzen. Er verfügt über weitreichende Kontrollsysteme und Möglichkeiten, anderweitig mit der Emotion umzugehen. Diese Kontrollmöglichkeiten sind jedoch eingeschränkt: Je stärker die innere Anspannung, je intensiver die Emotionen, desto drängender empfinden wir den Handlungsbedarf. Die Realitätsüberprüfung wird zunehmend schwieriger, bis es schließlich, z. B. im Zustand der Panik oder maximalen Lust fast unmöglich wird, Handlungen zu kontrollieren.

9. Es können nun „Fehler" auf mehreren Gebieten ablaufen:

   – Alte, ehemals gefährliche Informationen können plötzlich sehr heftige unkontrollierbare Erregungszustände auslösen.

   – Wir können eine Information fehlerhaft interpretieren und bewerten.

   – Wir können uns verbieten, eigentlich sinnvolle Handlungsentwürfe durchzuführen.

Beachte: Die Quintessenz dieses Modells, und für die Patientinnen von zentraler Relevanz, ist die Aussage, daß Emotionen keinerlei Informationen über Realität vermitteln, sondern ausschließlich über die Art und Weise, wie wir bestimmte Ereignisse interpretieren.

Aus therapeutischer Sicht erscheint es hilfreich, sich zunächst an einem kategorialen Modell, wie es von Lazarus (1991) entwickelt wurde, zu orientieren: Man unterscheidet dabei zwei Gruppen von Emotionen: aversive und appetente Emotionen. Jede Emotion wird durch eine relativ spezifische Bewertungssequenz ausgelöst und ist an eine spezifische Handlungstendenz gekoppelt. Man vereinfacht sich das Verständnis, und die Vermittlung, der Emotionstheorie, wenn man sie in einen evolutionären Bezugsrahmen sieht.

Kognitives Modell nach Lazarus

Tabelle 1:
Aversive (Schema-inkongruente) Emotionen

Emotion	Bewertung	Handlungstendenz	Evolutionäre Funktion
Furcht	Ich, oder etwas mir Nahestehendes ist bedroht und ich bin nicht in der Lage, mich zu wehren	Vermeidung, Flucht	Schutz vor körperlichen Schäden
Ekel	Etwas Unangenehmes droht, in mich einzudringen	Reinigen	Schutz vor Vergiftung
Wut, Ärger	Ich, meine Ziele oder jemand Nahestehender ist von außen bedroht und ich bin in der Lage, etwas dagegen zu unternehmen	Angriff, Rache	Schutz vor körperlicher Gefahr Durchsetzung eigener Interessen
Schuld	Ich habe kraft meines Willens gegen ein moralisches Verbot von mir verstoßen	Sühne, Unterwerfung unter die Regeln der primären Sozialgemeinschaft	Schutz vor Ausschluß aus der Sozialgemeinschaft
Scham	Ich entspreche nicht meiner Rollenerwartung	Verstecken, Verbergen	Schutz vor Angriffen hierarchisch Höherer
Neid, Eifersucht	Jemand hat ein Objekt, das ich begehre, aber nicht bekomme	Zerstörung der Beziehung (Objekt oder Konkurrenz)	Sicherung der sozialen und sexuellen Versorgung
Trauer	Ein geliebtes Objekt ist (unwiederbringlich) von mir genommen	Rückzug, Untätigkeit, Handlungsverlust	Reorganisation neuer sozialer Bezugssysteme

Appetente (Schema-kongruente) Emotionen

Emotion	Bewertung	Handlungstendenz	Evolutionäre Funktion
Stolz	Ich oder jemand mir Nahestehenders hat eine Leistung erbracht	Sich zeigen, Lob und Bewunderung einholen	Soziale Höherstufung
Zufrieden-heit, Glück	Ich mache wesentliche Schritte in Richtung eines erwünschten Zieles	Soziale Öffnung, Fortsetzen der erfolgrei-chen Handlungen	Sicherung der individu-ellen Ziele und soziale Höherstufung

Hinzu kommen schwierig einzuordnende und komplexe Emotionen wie Hoffnung, Liebe und Erleichterung (relief), also das Gefühl, das sich einstellt, wenn aversive Emotionen wie Angst sich auflösen.

Der Vorteil dieses Konzeptes liegt darin, daß sowohl Therapeut als auch später, im Selbstmanagement die Patientin, von einer engen Verknüpfung der drei Komponenten „Bewertung", „Emotion" und „Handlungstendenz" ausgehen können. Viele therapeutischen Techniken zielen darauf, verdeckte Bewertungsprozesse offen zu legen, und diese damit einer kognitiven Umstrukturierung zugänglich zu machen. Zum Beispiel:

- „Wenn Sie sich schuldig fühlen, dann können Sie davon ausgehen, daß Sie irgendwie der Meinung sind, Sie hätten gegen ein moralisches Verbot verstoßen, und zwar kraft Ihres Willens, also hätten Sie auch anders handeln können ..."

- „Wenn Sie sich ängstigen, so können Sie davon ausgehen, daß Sie sich ganz real bedroht sehen, und daß Sie gegenwärtig keine Möglichkeit sehen, sich gegen diese Bedrohung zu wehren ..."

- „Wenn Sie auf dieses Lob von Ihrem Chef nicht mit Stolz reagieren, sondern eher gekränkt sind, dann können wir davon ausgehen, daß Sie intern, also für sich selbst diesen Erfolg nicht als Leistung verbuchen ..."

Fertigkeiten zur Emotionsregulation

Basierend auf diesem Modell bieten sich vier Möglichkeiten der Emotionsregulation an:

Vier Dimensionen der Emotionsre-gulation

Emotionsregulation
1. Veränderung der Reiz-Exposition
2. Veränderung der zentralen neuronalen Reizverarbeitung
3. Veränderung der Bewertungsprozesse
4. Umsetzung der Emotion in adäquate Handlung oder Kommunikation

- Veränderung der Reiz-Exposition

Vermeiden von negativen Ereignissen: Die Vermeidung von Reizen, durch welche unangenehme Emotionen ausgelöst werden, ist sicherlich die häufigste und sinnvollste Form der Emotionsregulation.

Das Überleben, und damit die Weitergabe von Genen, in einer hochkomplexen und weitgehend gefährlichen Umgebung gelingt um so eher, je weniger Erfahrung mit aversiven Reizen benötigt werden, um meidende Reaktionen hervorzurufen. Diese Meidungen betreffen sowohl externe Ereignisse als auch Gedanken oder Emotionen. In aller Regel sind Psychotherapeuten damit beschäftigt, generalisierte *dysfunktionale* Meidungen zu behandeln. Das heißt die Meidung von Reizen, welche aversive Emotionen auslösen, die auf falschen Bewertungs- und Interpretationsprozessen beruhen – also ein Verhalten, das darauf zielt, das Individuum vor Schaden zu schützen. Das bekannteste Beispiel ist die Agoraphobie. Im Bereich der Borderline-Störung spielt neben der Angst-Vermeidung sicherlich die Scham-Vermeidung sowie die Schuld- und Wut-Vermeidung eine wesentliche Rolle. Die Methodik der Wahl stellen Expositionsverfahren dar, die jedoch unter therapeutischer Anleitung erfolgen sollten.

Während der Arbeit mit Borderline-Patientinnen wird der Therapeut jedoch zudem mit dem Phänomen konfrontiert, daß Patientinnen bisweilen dazu tendieren, aversive Stimuli aufzusuchen, also ein Verhalten, das vordergründig darauf zielt, dem Individuum zu schaden. So zeigen gerade traumatisierte Patientinnen die Tendenz, sich fortwährend traumatischen Stimuli zu exponieren. Seien es Ausstellungen über Mißbrauch, die Lektüre von Betroffenenberichten, Filme, in denen Vergewaltigungen gezeigt werden, auch das Gespräch mit anderen Betroffenen über die Inhalte von Flashbacks ist dazuzurechnen. Bisweilen fällt es auch schwer, den Kontakt zu Personen abzubrechen, von denen reale Gefahr ausgeht. Auch wenn dieses Verhalten sicherlich schematheoretisch zu erklären ist, so wird doch die Bedeutung der aktiven Reiz-Prävention häufig unterschätzt. Es liegt also im Aufgabenbereich des Therapeuten, die Patientin darüber aufzuklären und ihr engmaschige Hilfestellung zu geben.

BPS-Patientinnen haben eine starke Tendenz, sich trauma-relevanten Reizen auszusetzen

Aufsuchen von positiven Ereignissen: Neben der Hilfestellung zur Vermeidung schmerzhafter Ereignisse sollte die Patientin angehalten werden, die Anzahl der angenehmen Ereignisse zu erhöhen. Auch diese, so selbstverständlich klingende Strategie fällt Borderline-Patientinnen häufig außerordentlich schwer. Dysfunktionale kognitive Schemata bis hin zu inneren Stimmen, die vermitteln, daß die Patientin „es nicht verdient habe, daß es ihr gut gehe, daß sie nichts wert sei", erschweren die Planung und Umsetzung von positiven Ereignissen. Ein „sanfter Weg" wäre zunächst die Achtsamkeit für angenehme Erlebnisse zu verbessern und nicht auf die Sorgen zu achten, daß die positiven Ereignisse sich wieder verflüchtigen könnten.

Therapeut muß die Patientin aktiv ermutigen, sich positive Stimuli zu suchen

● *Veränderung der zentralen neuronalen Reizverarbeitung*

Die Frage, ob bei Borderline-Patientinnen tatsächlich eine höhere Sensitivität der zentralen Reizverarbeitung vorliegt und welche Neurotransmittersysteme davon betroffen sind, wird erst seit kurzer Zeit intensiver beforscht, so daß derzeit nur wenig verläßliche Informationen vorliegen. Ebenso bleibt unklar, ob es sich bei den postulierten Prozessen schließlich um genetische Faktoren, um die Folgen von früher traumatischer Erfahrung oder um ein Zusammenwirken dieser Komponenten handelt. Sicher ist jedoch, daß zahlreiche *Verhaltensweisen* von Borderline-Patientinnen die emotionale Vulnerabilität deutlich erhöhen.

Daher sollten folgende Modalitäten gefördert werden:
– Behandlung von Schlafstörungen
– Sport
– Therapie körperlicher Erkrankungen
– Ausreichende und ausgewogene Ernährung
– Ausreichendes Trinken
– Drogenabstinenz
– Mäßiger Alkoholgenuß
– Tagesstruktur
– Selbstdisziplin
– Angemessene psychopharmakologische Behandlung

Emotionale Vulnerabilität reduzieren

So banal diese „Fertigkeiten" klingen, es bedarf in der Regel großer Ausdauer und Motivation auf seiten des Therapeuten und der Patientin, daran zu arbeiten. Häufig sehen die Patientinnen dieses „Vulnerabilitäts-fördernde-Verhalten" als Folge ihrer problematischen Emotionen („ist doch kein Wunder, daß ich trinke, wenn es mir so schlecht geht, sie erwarten doch nicht von mir, daß ich Sport mache, wenn ich mich vor mir selbst ekle ..."). Der Therapeut sollte den Standpunkt vertreten, daß diese Verhaltensmuster einen wesentlichen Beitrag zur Aufrechterhaltung der Symptomatik leisten.

● *Veränderung der Bewertungsprozesse*

Die Überprüfung und, gegebenenfalls Veränderung, von internen Bewertungsprozessen vollzieht sich schrittweise:

1. Identifizieren und benennen Sie die jeweilige Emotion
Welche Emotion, oder, wenn zwei oder drei Emotionen gleichzeitig aktiviert sind: Welche Emotionen sind derzeit aktiviert? Wie spüre ich diese Emotionen körperlich?

2. Identifizieren Sie die auslösende Bewertung
Welche Interpretationen, Vermutungen, Bewertungen und Annahmen über die Situation gehen in meinem Kopf vor?
3. Identifizieren Sie die auslösende Situation
Welche Umstände führten zu diesen Bewertungsprozessen? Beschreiben Sie diese Umstände möglichst exakt, ohne zu bewerten.
4. Überprüfen Sie die Handlungstendenz
Was „sagt" Ihnen Ihr Gefühl? Was würden Sie jetzt am liebsten tun?
5. Wie realistisch ist die auslösende Interpretation?
Wie würde Ihre beste Freundin die Situation interpretieren? Gibt es irgendwelche Beweise für diese Interpretation? Würden alle Menschen, auch unter anderen individuellen Vorgeschichten die Situation so interpretieren? Benennen Sie mindestens eine völlig gegensätzliche Interpretation der Situation. Was bringt es Ihnen, die Situation so und nicht anders zu interpretieren?
6. Falls die Interpretation realistisch ist: **Setzen Sie die Emotion in Handlung um**
Was hindert Sie daran, entsprechend zu handeln? Können Sie die Handlung in die Phantasie verlagern? Können Sie die Handlung aufschieben? Wenn nicht: Tun Sie alles, um die Handlung umzusetzen.
7. Falls die Interpretation unrealistisch ist: Machen Sie das **Gegenteil von dem, was die Emotion Ihnen vermittelt!**
Konfrontieren Sie sich damit, daß die befürchteten Konsequenzen ausbleiben und lernen Sie, daß Ihre Interpretationen zu sehr an vergangene Lernerfahrungen geknüpft waren.
8. Falls Ihre Interpretation jedoch stimmig erscheint und Sie **keinerlei Möglichkeiten sehen, die unangenehme Emotion durch** **Handlung zu mildern, so nehmen Sie die Emotion wie sie ist,** **lassen Sie diese auftauchen, anfluten und beobachten Sie, wie sie** **von Ihnen Besitz ergreift, um schließlich wieder abzufluten** **(Radikale Akzeptanz)**

Radikale Akzeptanz

● *Umsetzung der Emotion in adäquate Handlung oder Kommunikation*

Emotionen sind an Handlungsentwürfe gekoppelt. Das heißt, jede kategoriale Emotion „fordert" ein bestimmtes Verhaltensmuster. Nach Durchführung der Handlung sollte, vorausgesetzt, die Interpretations- und Bewertungsebene war adäquat, die Intensität der aversiven Emotion abnehmen (nach gelungener Flucht stellt sich Erleichterung ein). Borderline-Patientinnen sehen sich häufig an der Umsetzung des primären, also situationsadäquaten Handlungsentwurfes gehindert. Dysfunktionale Mythen bezüglich

Häufig sind adäquate primäre Handlungsentwürfe blockert

93

der aktivierte Emotion selbst (Wut und Ärger ist ein Zeichen für unkontrollierbare, abgrundtiefe Bosheit), dysfunktionale Grundannahmen (ich habe kein Recht darauf, wütend zu sein ...) oder auch paranoide Züge (es besteht die reale Gefahr, daß meine Rachephantasien Wirklichkeit werden ...) können verantwortlich gemacht werden für diese Handlungsblockaden. Statt dessen kommt es häufig zur Aktivierung sekundärer Emotionen (emotional bypass), deren Handlungstendenz dann umgesetzt werden kann (aus Wut wird Schuld, führt zu Sühne und Unterwerfung). Dies löst zwar häufig die momentane innere Spannung, führt aber auf der sozialen Interaktionsebene zu gravierenden Verhaltensproblemen – und in aller Regel zu einer Verstärkung der dysfunktionalen Grundannahmen.

Aktivierung von sekundären Emotionen

Das Trainieren der adäquaten Kommunikation oder Handlung sollte schrittweise erfolgen:
1. Theoretisches Verständnis
2. Rollenspiele
3. Umsetzung im Alltag unter Übungsbedingungen
4. Umsetzung im realen Alltag.

6.5.4 Zwischenmenschliche Fertigkeiten

Borderline-Patientinnen verfügen häufig über gute interpersonelle Fähigkeiten. Die Probleme liegen meist in der Anwendung dieser Fertigkeiten während spezifischer Situationen. So zeichnen sich die Patientinnen zum Beispiel oft dadurch aus, daß sie durchaus fähig sind, anderen Personen gute Ratschläge für effektives Verhalten zu vermitteln. Die Anwendung der eigenen Fähigkeiten, über welche die Patientin eigentlich verfügt, scheitert dann jedoch häufig an unkontrollierbaren emotionalen Reaktionen oder querschießenden dysfunktionalen Kognitionen. Die „zwischenmenschlichen Fertigkeiten" zielen auf eine Verbesserung der sozialen Kompetenz unter emotionaler Belastung.

Fokus: Erprobung der zwischenmenschlichen Fertigkeiten auch unter Streß

Ein weiteres, zentrales Problem für Borderline-Patientinnen stellen die häufigen Beziehungsabbrüche dar. Im Laufe ihrer „Karriere" reduzieren sich im Leben einer Borderline-Patientin die Kontakte mit „Gesunden" weitgehend, so daß sich die Sozialkontakte schließlich häufig auf andere Borderline-Patientinnen oder das psychosoziale Hilfsnetz beschränken. Die „zwischenmenschlichen Fertigkeiten" zielen auf eine Verbesserung der Kompetenz zur Pflege von Beziehungen.

Schwankungen zwischen Konfliktvermeidung und intensiver Konfrontation gelten als typisch für Borderline-Patientinnen. Die Entscheidung jedoch, welche Strategie zur Austragung des Konfliktes gewählt wird, ist selten von taktischen oder zielorientierten Überlegungen getragen sondern hängt von den jeweiligen emotionalen Befindlichkeiten ab. Die „zwischenmenschlichen Fertigkeiten" wirken darauf hin, daß die Patientin lernt, individuelle Zielsetzungen unter Berücksichtigung der jeweils spezifischen Situation zu erreichen, ohne dabei die Selbstachtung zu vernachlässigen.

Die meisten angebotenen Übungen sind weitgehend mit dem Training sozialer Kompetenz identisch und werden an dieser Stelle aus Platzgründen nicht weiter ausgeführt.

7 Supervisionsgruppe für Therapeuten

Das Supervisionskonzept der DBT geht über herkömmliche Beratungskonzepte hinaus und sollte integraler Bestandteil der Therapie sein. Bislang werden Supervisionskosten nicht von den Kostenerstattern übernommen, so daß ein erhebliches Maß an Motivation und Eigeninteresse auf Seiten der behandelnden Therapeuten vorausgesetzt werden muß. Dennoch dürfte die Teilnahme an einer Supervisions- oder Interventionsgruppe die Arbeit mit dieser Patientengruppe erheblich erleichtern. Dies betrifft insbesondere die Absprachen für Urlaubsvertretungen und Verfügbarkeit am Telephon (siehe Kapitel 8). Im Idealfall sieht sich die Supervisionsgruppe verantwortlich für den Fortschritt der Therapie. (Der Patient „gehört" der Supervisionsgruppe, nicht dem „Einzeltherapeuten"). Steht in jeder traditionellen Supervision die Beratung des Therapeuten im Vordergrund („... welches Anliegen hast Du heute an die Supervision?"), so steht in der DBT die Therapie im Vordergrund („... wie können wir der Patientin helfen, mit ihrem Therapeuten zurecht zu kommen und dabei maximale Fortschritte zu erreichen?").

Der Patient „gehört" der Supervisionsgruppe

Um dieser Aufgabe gerecht zu werden, ist es unabdingbar, möglichst ungefilterte Informationen über den Therapieverlauf zu erhalten. Die gemeinsame Analyse von Videoaufzeichnungen ist also eine Grundvoraussetzung. Um die Vorteile der Videosupervision zu nützen, ist jedoch eine vertrauensvolle Atmosphäre wichtig. Die Therapeuten legen mit anderen Worten fest, daß sie sich gegenseitig mindestens ebenso gut behandeln werden wie die Patientinnen. Folgende Regeln haben sich bewährt:

Nutzung von Videoanalysen

Supervisionsregeln

1. *Die Therapeuten berücksichtigen die dialektischen Grundprinzipien*
   - Es gibt kein „Richtig oder Falsch".
   - Gegensätzliche Meinungen sind erwünscht und sollen verstärkt werden.
   - Die Supervisionsgruppe „balanciert" den Einzeltherapeuten:
     - Sie betont die Fragilität der Patientin, wenn der Therapeut zu sehr auf Veränderung drängt.
     - Sie betont die Kompetenz der Patientin, wenn der Therapeut sie zu fragil behandelt.
     - Sie betont die Bedeutung der „Realität", wenn der Therapeut zu sehr die subjektive Sichtweise der Patientin übernimmt.
     - Sie betont die Bedeutung der subjektiven Sichtweise, wenn der Therapeut sich zu weit von der Patientin entfernt hat.

2. *Die Therapeuten beraten ihre Patientinnen, wie sie die jeweiligen Therapeuten dazu bringen können, sie adäquat zu behandeln*
   Es sollte also möglichst vermieden werden, „im Namen der Patientin" bei anderen Therapeuten, Sozialarbeitern oder ähnlichen Hilfsorganisationen zu intervenieren.

3. *Die Supervisionsgruppe hilft den Therapeuten ihre jeweiligen Grenzen wahrzunehmen und diese ihren Patientinnen mitzuteilen*

4. *Die Supervisionsgruppe beschreibt das Verhalten der jeweiligen Patientinnen phänomenologisch und nicht bewertend, als ob die Patientin anwesend wäre*

5. *Wenn die Supervisionsgruppe Deutungen oder Hypothesen entwickelt, so sind diese als solche zu benennen und mit der Patientin zusammen auf deren Stimmigkeit abzuklären*

6. *Alle Therapeuten machen Fehler, die Supervisionsgruppe nützt diese, um gemeinsam zu lernen*

8 Telefonberatung

Zu Beginn der Therapie vereinbaren Patientin und Therapeut, unter welchen Bedingungen telefonische Beratungen stattfinden sollen. Im beste Falle sollte der Therapeut oder ein Kollege aus dem therapeutischen Netzwerk möglichst rund um die Uhr erreichbar sein. Da dies sicherlich nicht immer möglich ist (Beachtung der individuellen Grenzen und Belastbarkeit), müssen die Bedingungen möglichst genau geklärt werden. Auch diese Vereinbarung erscheint auf den ersten Blick für den niedergelassenen Therapeuten schlecht durchführbar. Die praktische Erfahrung zeigt jedoch, daß Borderline-Patientinnen von dieser Möglichkeit, wenn sie denn angeboten wird, eher sehr zögerlich Gebrauch machen. Die Therapeuten im Darmstädter Netzwerk (Gunja et al., 2000) berichten von durchschnittlich zwei Anrufen pro Patientin pro Monat.

Telefon-Netzwerk für Krisenfälle

Telefonregeln
– Zur Lösung akuter suizidaler oder parasuizidaler Krisen
– Zur Belohnung nach schwierigen Veränderungsschritten
– Zur kurzen Klärung der therapeutischen Beziehung

Telefonregeln

● *Zur Lösung akuter suizidaler oder parasuizidaler Krisen*

Lerntheoretisch hat es sich als sinnvoll erwiesen, gerade während akuter Krisensituationen Skills oder andere Bewältigungsstrategien zu vermitteln. Am Telephon findet also keine „Therapie" statt, sondern kurzes, fünf- bis zehnminütiges Problemlösen.

Fokus liegt auf Problemlösen

„Gut daß Sie mich anrufen, ich habe auch ca. 10 min. Zeit. Was ist das aktuelle Problem? Was genau ist passiert? Wie hoch ist die Spannung? Können Sie Streßtoleranzskills anwenden? Was ist die führende Emotion? Was würden Sie am liebsten tun? Macht dies Sinn? Wie können Sie das Problem anderweitig lösen?"

Keine Therapie am Telefon

Erfahrungsgemäß zeigen sich die meisten Therapeuten zunächst wenig motiviert, diese Telefonkontakte zu ermöglichen. Die Praxis zeigt jedoch, daß die meisten Patientinnen von diesem Angebot sehr sorgsam Gebrauch machen, daß sie vielmehr zu diesem Schritt eher ermutigt werden müssen.

● *Zur Belohnung nach schwierigen Veränderungsschritten*

Da der Kontakt mit dem Therapeuten in aller Regel als starker Positivverstärker einzuschätzen ist, erscheint es sinnvoll, diesen auch an erwünschte

Skills vermitteln

Verhaltensweisen zu koppeln. *„Also, ich merke, daß es ein äußerst kompli-zierter Schritt ist, sich mit Ihrem Vater auseinanderzusetzen. Ich würde mich freuen, wenn Sie sich kurz melden, wenn Sie diese Anstrengung geschafft haben ... "*

● *Zur kurzen Klärung der therapeutischen Beziehung*

Beziehungs-klärung
Es kommt häufig vor, daß belastende Momente, Mißverständnisse, Fehl-interpretationen oder Ängste, die während der therapeutischen Sitzung aufgeworfen werden, erst nach Beendigung der Stunde virulent werden. Bisweilen quälen sich die Patientinnen Stunden oder Tage mit dieser Pro-blematik. Es sollte möglich sein, kurze Klärungen am Telephon zu ermög-lichen.

9 Stationäre Behandlung

9.1 Einführung

Ursprünglich wurde die DBT für die ambulante Behandlung von Patientin-nen mit BPS entwickelt. Die ambulante Versorgungssituation für Borderli-ne-Patientinnen im deutschsprachigen Raum ist derzeit jedoch noch unge-nügend, so daß viele Patientinnen in stationäre Behandlung drängen. In aller Regel wird jedoch die Indikation zur stationären Aufnahme zu weit

Strenge Indikationsstel-lung
gefaßt. Es sprechen einige gewichtige Argumente gegen stationäre Kon-zepte: Unter stationären Bedingungen werden häufig dysfunktionale Ver-haltensmuster und kognitive Konzepte durch das Behandlungsteam ver-stärkt (Zuwendung und Aufmerksamkeit nach suizidaler Kommunikation oder Selbstverletzungen). Der ungeregelte Kontakt mit anderen Borderli-ne-Patientinnen, die Konfrontation mit deren traumatischen Erfahrungen kann Erinnerungen an eigene traumatische Erfahrungen triggern und star-ke affektive Belastungen auslösen. Die hierarchischen Strukturen in Klini-ken vermitteln ein starkes Machtgefälle zwischen Therapeut und Patientin, was der Behandlung wenig zuträglich ist, jedoch dysfunktionale Grundan-nahmen der Patientinnen stärkt. Es liegen bislang keine empirischen Daten vor, daß die teure stationäre Therapie der ambulanten überlegen ist.

Welche Argumente sprechen für stationäre Behandlungskonzepte?	

1. Bislang ist die störungsspezifische ambulante Versorgung unzureichend gewährleistet.

2. Spezialisierte Zentren können Synergieeffekte nützen.

3. Eventuell kann zu Beginn einer ambulanten Behandlung die kondensierte und intensive Vermittlung von störungsspezifischer Kompetenz und Fertigkeiten die Compliance und Effektivität der ambulante Behandlung verbessern.

4. Stationäre Zentren sollten als Bestandteile eines integrierten ambulant/stationären Behandlungskonzeptes für die kurzfristige Krisenintervention zur Verfügung stehen.

5. Die Therapie komplexer komorbider Störungen (BPS-plus Anorexie; BPS plus Drogenabhängigkeit; BPS plus Zwangsstörung; BPS plus schwere PTBS) überfordert in aller Regel die ambulante Behandlung und sollte in stationären Zentren durchgeführt werden.

Das im nachfolgenden beschriebene Konzept orientiert sich an einem Modell, das an der Abteilung für Psychiatrie und Psychotherapie des Universitätsklinikums Freiburg, basierend auf Erfahrungen in den USA entwickelt wurde (Bohus & Barthruff, 2001). Mittlerweile wurde dieses Konzept an mehreren Kliniken im deutschsprachigen Raum etabliert und an die jeweiligen örtlichen Strukturen angepaßt (eine aktualisierte Adressenliste für den deutschsprachigen Raum kann bei der Arbeitsgemeinschaft Wissenschaftliche Psychotherapie (AWP[1]) angefordert werden. Zusammenfassend sollte die stationäre Behandlung sicherlich in erster Linie als Modul eines integrierten Behandlungskonzeptes verstanden werden.

9.2 Rahmenbedingungen und Struktur der stationären Behandlung

Ähnlich wie bei der stationären Behandlung von Eßstörungen, Angsterkrankungen oder Zwangsstörungen hat es sich als sinnvoll erwiesen, Patientinnen mit BPS auf Spezialstationen zusammenzuführen.

Grundannahmen des DBT-Teams:

– Die Regeln der DBT gelten für die Patientin wie für das Team.

– Borderline-Patientinnen versuchen, das Beste aus ihrer gegenwärtigen Situation zu machen.

---

1 Arbeitsgemeinschaft Wissenschaftliche Psychotherapie (AWP); Hansastr. 9, 79104 Freiburg, Fax: 07 61/2 03 93 15, www.borderline-online.de

- Borderline-Patientinnen müssen sich stärker anstrengen, härter arbeiten und stärker motiviert sein, um sich zu verändern und dies ist ungerecht.
- Borderline-Patientinnen haben ihre Probleme in aller Regel nicht selber verursacht, aber sie müssen sie selber lösen.
- Patientinnen können in der DBT nicht versagen.
- Behandle die Patientin so, wie du möchtest, daß deine Schwester oder beste Freundin behandelt wird.
- Jede Verhaltensweise der Patientin macht im subjektiven Kontext Sinn.
- Therapieziele sind primär an der Befähigung zur ambulanten Therapie zu orientieren.
- Nicht jedes Verhalten, das der Patientin kurzfristig hilft, hilft ihr auch langfristig.
- Wir haben mindestens so viel von den Patientinnen zu lernen, wie diese von uns.
- Jede Besprechung über Patientinnen ist eine Besprechung mit Patientinnen.
- Jedes Teammitglied macht Fehler.

Gleiche Regeln für Patientinnen und das Team

Übergreifendes Ziel ist, eine professionelle Arbeitsatmosphäre zu kreieren. Wir verstehen uns als Dienstleistungssektor, die Patientinnen sind Kundinnen und haben ein Recht auf optimale Behandlung. Die Regeln der DBT gelten in gleichem Maße für Patientinnen wie für das Team. Wir bringen den Patientinnen bei, auch affektiv belastende Situationen nicht zu bewerten, sondern zu beschreiben, das heißt zu trennen zwischen Beobachtung und Interpretation. Daher gilt auch für jedes Teammitglied, auf bewertende Urteile oder Deutungen zu verzichten. Termini wie „agieren", „manipulieren" oder „spalten" werden grundsätzlich nicht benützt. Genaue Beobachtungen der Verhaltensebene beinhalten wesentlich mehr Informationen und schützen vor Machtgefälle. Wann immer möglich, werden strukturelle Entscheidungen für die Patientinnen transparent gemacht.

Entscheidungstransparenz

Effektive therapeutische Arbeit mit Borderline-Patientinnen unter stationären Bedingungen fordert einerseits klare Regeln und Strukturen, andererseits ein gewisses Maß an Flexibilität und Anpassung an individuelle Bedingungen.

Zwei Ansätze helfen, um dieses strukturelle Problem zu bewältigen:
1. Das Pflegeteam braucht möglichst viel Information über die intrapsychischen motivationalen Beweggründe der Patientin, am besten aus „erster Hand", also von der Patientin selbst.

2. Der Einzeltherapeut ist gehalten, dysfunktionale Verhaltensmuster auf der Station in die Einzeltherapie mit einzubeziehen.

In der Praxis gestaltet sich der Ablauf etwa wie folgt: Nach Selbstschädigung oder Verhaltensmustern, die den Ablauf der Therapie stören (therapieschädigendes Verhalten), nimmt sich die Patientin 2 Stunden Auszeit (time-out). Sie zieht sich auf ihr Zimmer zurück und nimmt an keinerlei Aktivitäten (auch keine Einzelgespräche!) teil. Das Pflegepersonal händigt ein Protokoll zur eigenständigen Verhaltensanalyse aus, die Patientin beschäftigt sich damit. Anschließend informiert die Patientin mindestens vier andere Patientinnen als Mitglieder ihrer Bezugsgruppe und bespricht mit dieser Gruppe ihre Verhaltensanalyse. Die Mitpatientinnen geben Tips und Ratschläge, wie dieses dysfunktionale Verhalten geändert werden könnte (Schwerpunkt auf Alternativlösungen). Im Anschluß wird das Pflegepersonal informiert und bespricht mit der Patientin und ihrer kleinen Gruppe die Verhaltensanalyse. Erneut liegt der Schwerpunkt auf alternativen Lösungsmöglichkeiten. Die Patientin wird diese Verhaltensanalyse mit in die nächste Einzeltherapie nehmen und zusammen mit ihrem Therapeuten noch einmal bearbeiten.

In der Anfangsphase sind diese Verhaltensanalysen für die Patientinnen oft schwierig und schambesetzt. Die Unterstützung von „erfahreneren" Mitpatientinnen als „Patinnen" hat sich sehr bewährt. Die Vorteile dieser Verfahrensweise sind offensichtlich:

Die Rolle der „Patinnen"

- Ungewollte Verstärker nach dysfunktionalem Verhalten sind weitgehend ausgeschlossen.
- Die Patientin lernt, die motivationalen Anteile, die Konsequenzen und Probleme ihres Verhaltens im Selbstmanagement zu verstehen.
- Die Patientin lernt von Mitpatientinnen, daß sie sich in ihrem Verhalten meistens nicht sehr stark von diesen unterscheidet und daß es alternative Lösungsmöglichkeiten gibt.
- Das Pflegepersonal ist über die motivationalen Aspekte der Patientin genauestens informiert.
- Die Patientin lernt sofort alternative Lösungsstrategien und wird diese üben.
- Der Einzeltherapeut ist über die Problemzonen auf der Station informiert und wählt seinen Behandlungsfokus entsprechend der Hierarchisierung der Problembereiche.

Vorteile der „offenen" Verhaltensanalyse

9.3 Hierarchische Gliederung der Behandlungsziele im stationären und teilstationären Setting

Hierarchie der Behandlungsziele
1. Aufbau von Überlebensstrategien zur Bewältigung suizidaler Verhaltensmuster
2. Aufbau von Therapiecompliance an Stelle von therapieschädigenden Verhaltensmustern
3. Befähigung zur ambulanten Therapie a) Aufbau von Fertigkeiten zur Bewältigung von akutem ambulantem Problemverhalten b) Aufbau von Fertigkeiten, um Hospitalisierung und Behandlungsverlängerung zu verhindern c) Aufbau von Fertigkeiten, um die Wahrscheinlichkeit einer Wiederaufnahme zu verringern

● *Aufbau von Überlebensstrategien zur Bewältigung suizidaler Verhaltensmuster*

Umgang mit Selbstschädigung oder therapieschädigendem Verhalten auf der Station

Die vordringlichste Aufgabe im stationären Bereich ist sicherlich die Bewältigung suizidaler Krisen. Wann immer suizidale Handlungsimpulse auftreten, sind diese also vorrangig zu behandeln. Die Bearbeitung suizidaler Krisen im stationären Setting im besonderen birgt große Vorteile und große Nachteile:

Die Vorteile lassen sich weitgehend unter dem Aspekt der Sicherheit zusammenfassen: Natürlich ist das Risiko, einen Suizidversuch zu unternehmen oder zu vollenden, unter stationären Bedingungen geringer, als wenn die Patientin allein zu Hause ist. Der Zugang zu Medikamenten oder Waffen ist schwieriger, es gibt Ansprechpartner und Beobachter, die rasch reagieren können.

Andererseits besteht die erhebliche Gefahr, durch Aufmerksamkeit, Zuwendung oder auch durch „Einsperren" suizidale Krisen zu verstärken und damit Teufelskreise zu initiieren, die schlecht zu durchbrechen sind und zu langen Liegezeiten und Hospitalisierung führen.

Den Ausweg aus diesem Dilemma bieten genaue Verhaltensanalysen. Nur so kann man klären, ob die Suizidgedanken unmittelbar an Auslöser gekoppelt sind oder ob sie durch Konsequenzen aufrechterhalten werden. Aktive Hilfestellung bei der Vermeidung der Auslöser bzw. bei der Problemlösung ist in ersterem Fall anzuraten, Entkoppelung von verstärkenden Konsequenzen und dysfunktionalem Verhalten in letzterem.

Um dies mit einem Beispiel zu verdeutlichen: Eine Patientin, die kurz vor der Entlassung nach drei Monaten stationärer Behandlung steht, berichtet über drängende suizidale Impulse. Die Verhaltensanalyse zeigt, daß die Patientin große Angst hat, allein zu Hause zu schlafen. Vor dem Einschlafen entwickelt sie ausgeprägte Flashbacks mit szenischem Wiedererleben von sexuellen Traumata. Die Intrusionen sind sowohl optischer als auch kinästhetischer Art, das heißt, sie spürt sich schmerzhaft penetriert und kann sich nicht mehr willentlich bewegen. Wie lange diese Zustände andauern, vermag sie nicht zu sagen, da ihr lange Zeitsegmente nicht mehr erinnerlich sind. Auch in der Nacht findet sie sich plötzlich in anderen Zimmern oder auf dem Gang wieder. Morgens entwickelt sie Suizidgedanken, weil die Vorstellung, dies allabendlich wieder erleben zu müssen, schlecht zu ertragen ist.

Vorsicht, suizidales Verhalten kann leicht verstärkt werden

In diesem Fall ist der Therapeut gehalten, der Patientin sorgfältigst zu vermitteln, wie sie mit Flashbacks umgeht, wie sie frühzeitig verhindert, in die Dissoziation abzugleiten und wie sie sich rasch vergegenwärtigt, wenn sie im dissoziativen Zustand das Zimmer verläßt. Detaillierte, konkrete Anweisungen (z. B. laute Glocke an die Türklinke hängen) und Übungen mit stufenweiser Exposition unter engmaschiger Telefonrückmeldung sind nötig.

Überprüfen, ob Suizidalität an Auslöser oder Konsequenzen gekoppelt ist

Eine andere Patientin zum Beispiel, ebenfalls kurz vor der Entlassung, berichtet, daß sie erhebliche Schwierigkeiten habe, einen Termin mit ihrer ambulanten Therapeutin zu vereinbaren, da sie sich gekränkt fühle, daß diese während des ganzen stationären Aufenthaltes sich nicht gemeldet hatte. Weiterhin habe sie Angst, den alten Arbeitsplatz wieder aufzusuchen. Die Vorstellung, diese beiden Aufgaben alleine zu bewältigen, mache sie wütend, ohnmächtig und hilflos. Sie habe das Gefühl, alle würden sie überschätzen, insbesondere die stationäre Einzeltherapeutin, an die sie sich sehr gebunden fühle, wüßte nicht, wie schlecht es ihr gehe, sonst würde sie sich mehr um sie kümmern. Auch sie entwickelt drängende Suizidimpulse. In diesem Falle würde eine Intensivierung des therapeutischen Angebotes wahrscheinlich zu einer kurzfristigen Abnahme der Suizidalität führen, spätestens beim nächsten Schritt in Richtung Entlassung aber würde dieses Verhalten aggravieren. Sinnvoll wäre es also, der Patientin zu vermitteln, daß sie von ihrer Einzeltherapeutin nur dann Unterstützung bekommt, wenn sie tatsächlich die schweren Schritte in Richtung Entlassung unternimmt (Koppeln von Positiv-Verstärkern an erwünschtes Verhalten). Ansonsten wäre über eine Reduktion der Einzeltherapiestunden nachzudenken, oder vielleicht eine kurze Pause von der Station (24-Stunden Time-Out) angebracht.

- *Aufbau von Therapiecompliance an Stelle von therapieschädigenden Verhaltensmustern*

Zu den therapiegefährdenden Verhaltensweisen, wie sie auch im ambulanten Setting auftreten können, kommen unter stationären Bedingungen zwei Kategorien hinzu:

1. Verhaltensweisen, die Mitpatientinnen daran hindern, von der Therapie zu profitieren.
2. Verhaltensweisen, welche die Grenzen der Institution überschreiten.

Umgang mit Mitpatientinnen

Zunächst sei nochmals darauf hingewiesen, daß entgegen weit verbreiteter Vorurteile Borderline-Patientinnen sich häufig sehr gut verstehen und sich ausgesprochen kompetent unterstützen können. Kommt es zu Schwierigkeiten oder Streitigkeiten, so ist es sicherlich nicht erstes Ziel, diese Konflikte zu vermeiden, sondern die Fähigkeit, mit Konflikten umzugehen, zu verbessern. Die Problemzonen im Umgang mit Mitpatientinnen gliedern sich wieder in zwei Kategorien:
1. Probleme, die aus zu engen und zu dichten Beziehungen entstehen.
2. Probleme, die aus Streitigkeiten und Feindseligkeiten entstehen.

Zur ersten Kategorie gehören das Erzählen von traumatischen Ereignissen, Inhalten von Flashbacks oder Alpträumen. Da gleichfalls traumatisierte Patientinnen durch diese Inhalte häufig stark labilisiert werden, jedoch in den Anfangsphasen häufig Schwierigkeiten haben, sich gegen Erzählungen dieser Art zu wehren, ist während des stationären Aufenthaltes jede Kommunikation über traumatische Inhalte untersagt. Ein klassischer, weil unauflösbarer Konflikt ergibt sich auch aus der vertrauensvollen Mitteilung, „Du, ich vertraue Dir jetzt an, daß ich mich nach der Entlassung töten werde, und ich vertraue auf Deine Freundschaft und darauf, daß Du dies niemandem mitteilen wirst." Was immer die ins Vertrauen gezogene Mitpatientin auch unternehmen wird, sie wird von Schuldgefühlen geplagt sein.

Patientinnen verpflichten sich, Suizidkommunikation ans Team zu melden

Die Stationsregel lautet daher: „Wann immer Sie von einer Patientin erfahren, daß sie konkrete Suizidabsichten mit sich trägt, so sind Sie verpflichtet, dies dem Team zu melden." Die adäquate Antwort auf diese Mitteilung wäre also: „Nachdem Du mir dies mitteilst und du weißt, daß ich es melden muß, gehe ich davon aus, daß Du genau diese Meldung beabsichtigst." Bisweilen kommt es unter stationären Bedingungen zu Rivalitäten um die „Poolposition" im Schweregrad der Symptomausprägung. Dies kann entweder im Kampf um Aufmerksamkeit und Zuwendung durch Therapeuten oder Pflegepersonal begründet sein oder, was häufig übersehen wird, in der mangelnden Selbstvalidierung der Patientin, d.h. die Patientinnen haben häufig Schwierigkeiten, sich das Berechtigtsein ihrer Wünsche nach Hilfestellung einzugestehen und bestätigen sich diese Bedürftigkeit auf der Verhaltensebene. „Ich bin der letzte Dreck, ich habe gar keine Hilfe und Zuwendung verdient. Wenn ich mich schneide und suizidal verhalte, habe ich wenigstens eine Berechtigung, mir selbst zu glauben, daß es mir schlecht geht." In aller Regel ist die Motivation für diese gruppenbedingte Aggravierung von dysfunktionalen Verhaltensmustern den Patientinnen sehr rasch zugänglich und ebenso rasch zu beenden. Aggressive Angriffe gegenüber Mitpatientinnen haben wir äußerst selten erlebt. Häufiger sind Ausgrenzung oder feindselige und kritische Bemerkungen. Zunächst sollten das

Rivalität um die Krankenrolle

Selbstschädigung muß nicht gemeldet werden

Pflegepersonal oder der Einzeltherapeut der betroffenen Patientin helfen, dies eigenständig zu klären und sich gegenüber den Zurückweisungen oder Angriffen durchzusetzen. Ist das nicht möglich, so wird dieses Problem in der Basisgruppe (siehe Seite 114) besprochen.

Interaktionelle Probleme können in der Basisgruppe gecoacht werden

- *Befähigung zur ambulanten Therapie*

Aufbau von Fertigkeiten zur Bewältigung von akutem ambulanten Problemverhalten: Die Schlüsselfrage, die sich jeder Mitarbeiter und die Patientin vergegenwärtigen müssen, lautet: „Weshalb wird die Patientin gegenwärtig stationär behandelt und nicht ambulant?"

Die Klärung dieser so einfachen Frage ist häufig schwierig und komplex. Sie steht am Beginn jeder Therapie (Stufe I). Als akutes ambulantes Problemverhalten werden alle Bedingungen beschrieben, die eine effektive ambulante Behandlung derzeit unmöglich machen. Dies kann etwa daran liegen, daß die Patientin in ihrem Umkreis keinen kompetenten Therapeuten findet oder daß der jeweilige Therapeut sich nicht mehr in der Lage sieht, mit ihr weiter zu arbeiten. Bisweilen sind die selbstschädigenden Verhaltensmuster so schwerwiegend (z. B. Blutentnahmen bei niedrigen Hämoglobin-Werten), daß behördliche Auflagen eine stationäre Behandlung erzwingen, manchmal wird das Verhalten der Patientin von ihrer Wohngruppe nicht mehr toleriert. Eine Vielzahl unterschiedlicher Gründe also, die eine Vielzahl unterschiedlichster Lösungen bedingen. Immer aber sollte der primäre Behandlungsfokus so gewählt werden, daß nach Beendigung der Therapie die ambulante Behandlung entweder eingeleitet oder fortgesetzt werden kann. Es erscheint also wenig hilfreich, mit einer Patientin, die in ihrer Umgebung keinen ambulanten Therapeuten findet, der bereit und kompetent ist, mit Borderline-Patientinnen zu arbeiten, unter stationären Bedingungen die Bearbeitung von traumatischen Erfahrungen einzuleiten oder an Selbstschädigungen zu arbeiten. Die meisten kennen die Anekdote, die beschreibt, wie spät nachts ein Passant auf einen älteren Herrn trifft, der im Lichtkegel einer Laterne den Boden absucht. „Haben sie etwas verloren?" „Ja", antwortet der ältere Herr zerknirscht, „meine Hausschlüssel, ich bin ganz verzweifelt, ich suche schon seit einer halben Stunde". Der hilfreiche Passant, der begonnen hat, ebenfalls erfolglos den Lichtkegel abzusuchen meint nach einer Weile: „Sind Sie sicher, daß Sie den Schlüssel hier verloren haben?" „Nein, das nicht, aber hier habe ich wenigstens Licht".

Die erste Frage: „Was hindert die Patientin, eine ambulante Therapie durchzuführen?"

Um also nicht in diese „Kompetenzfalle" zu geraten, sollte man den Behandlungsfokus jeweils dahingehend hinterfragen, ob die Patientin nach Erreichung des Behandlungszieles in der Lage sein wird, die Behandlung unter ambulanten Bedingungen fortzusetzen.

Behandlungsfokus an der Befähigung zur ambulanten Therapie orientieren

In aller Regel
besteht die
Tendenz, die
stationäre
Behandlung zu
verlängern –
von beiden
Seiten

Therapiepla-
nung heißt
Entlassungspla-
nung

Arbeitsbela-
stungserpro-
bungen

Übernachtungs-
erprobung

Aufbau von Fertigkeiten, um Hospitalisierung und Behandlungsverlänge-rung zu verhindern: Tendenzen, die stationäre Behandlung zu verlängern, sind verständlich und eher die Regel als die Ausnahme. Der stationäre Rahmen bildet für Borderline-Patientinnen (leider) häufig ideale Bedingungen: Professionelle Helfer, die auch auf schwierige interaktionelle Muster nicht mit Beziehungsabbruch drohen, Schutz vor Alleinsein, verständnisvolle Mitpatientinnen, Schutz vor Leistungsanforderungen, häufig die Bestätigung negativer Selbsteinschätzung „Ich bin der letzte Dreck, ich bin anders als alle anderen, ich bin völlig verrückt". Gerade weil diese Bedingungen so ideal sind, muß diese Gefahr von Anfang an benannt werden (Therapieplanung ist Entlassungsplanung). Die Patientin muß über Lerngesetze, Verstärker und Kontingenzmanagement aufgeklärt werden, um so mit ihr zusammen frühzeitig dieser Tendenz gegenzusteuern. Bisweilen erscheint es sinnvoll, die Behandlung zu verlängern: Immer dann und nur dann, wenn die Patientin sich stark bemüht, ihre Entlassung vorzubereiten. Als Beispiele wären Arbeitsbelastungsversuche anzuführen oder die stufenweise Erprobung des nächtlichen Aufenthaltes zu Hause oder in Hotels. Sicherlich kontraindiziert (aber leider sehr häufig), sind Behandlungsverlängerungen, die an eine Verschlechterung der Symptomatik gekoppelt werden.

Aufbau von Fertigkeiten, um die Wahrscheinlichkeit einer Wiederaufnahme zu verringern: Wie bereits ausgeführt, liegt die Wahrscheinlichkeit für eine Borderline-Patientin, nach unspezifischer stationärer Behandlung im nächsten Jahr erneut aufgenommen zu werden, im Schnitt bei 80%. Eine Analyse der jeweiligen Umstände, die zu den stationären Aufenthalten geführt haben, gehört daher bereits in die Stufe I der Therapieplanung und sollte die Wahl des Behandlungsfokus spätestens in Stufe III der stationären Behandlung, also während der Vorbereitungen auf die Entlassung, prägen.

9.4 Zeitliche Strukturierung der Behandlung

Vorbereitungsphase

Von entscheidender Bedeutung ist, wie unter ambulanten Behandlungsbedingungen auch, *eindeutig zwischen Vorbereitungs- und Therapiebedingungen unterschieden wird.* Egal, ob die Patientin nach einem schweren Suizidversuch auf einer geschlossenen Station liegt, oder ob sie über eine Reha-Maßnahme in einer psychosomatischen Abteilung aufgenommen wird: Während der Vorbereitungsphase erfolgen Diagnostik, Differentialdiagnostik, Aufklärung über das Störungsbild, Aufklärung über die Behandlungskonzeption (Ziele und Regeln) sowie Non-Suizidvertrag. Es muß für die Patientin und alle Beteiligten transparent sein, daß sie sich bislang lediglich in der Vorbereitungsphase befindet. Primäres Ziel während dieser Phase ist neben der Diagnostik die Klärung der gegenwärtigen Notlage und die

Motivation der Patientin, sich für die Behandlung zu entscheiden. Weiterhin sollte transparent sein, daß mit Beginn der Therapie Annehmlichkeiten erreicht werden: (hinsichtlich Sitzungsfrequenz, Zuwendung, Vermittlung von Fertigkeiten, Ausgang, Kontakten nach Außen usw.).

Um Mißverständnissen vorzubeugen: Die Motivationsklärung während der Vorbereitungsphase erfordert hohe therapeutische Kompetenz und geschulte Therapeuten. Der spätere Therapieverlauf, Compliance und Sicherheit der Patientin hängt in entscheidendem Maße von der Qualität dieser Vorbereitungsphase ab.

Stufe I (1. bis 3. Woche)

In den Aufgabenbereich des Einzeltherapeuten während der drei Wochen der ersten Behandlungsstufe liegt zunächst eine *kurze Anamnese.* Da für die sehr umfangreichen Aufgaben während dieser Stufe lediglich sechs Einzeltherapiestunden zur Verfügung stehen, sollten wirklich nur die Kerndaten erhoben werden. Die Beschäftigung mit der umfangreichen, häufig fatalen Lebensgeschichte ist für die Patienten belastend, die Aufmerksamkeit wird auf zahlreiche Problemzonen, Mißerfolge, Demütigungen und Traumatisierungen gelenkt, ohne daß während des stationären Aufenthaltes tatsächlich mit diesen Informationen gearbeitet wird. Ein häufiger Fehler ist die Idee, die Patienten während der ersten Tage ihren Lebenslauf schreiben zu lassen. Die meisten Patienten verfügen noch nicht über die Fertigkeiten, um die aktivierten Emotionen allein zu modulieren und verschlechtern sich rapide. Manchmal werden mit großer Hoffnung viele Seiten verfaßt, die dann vom Therapeuten nicht gelesen werden, was wiederum als Vertrauensbruch und Mißachtung ausgelegt wird. Faustregel: 15 min für die Anamnese.

Anamnesen kurz halten

Wie in der ambulanten Therapie sollte jedoch *eine detaillierte Verhaltensanalyse des letzten Suizidversuches* erhoben werden. Der Schwerpunkt liegt dabei auf den Auslösern und Frühwarnzeichen. Die Patientin ist zu informieren, daß sich suizidale Muster wiederholen, daß sie also trotz ihres Versprechens, sich unter keinen Umständen zu suizidieren, melden sollte, wenn sie in ähnliche Umstände gerät, wie dies beim letzten Suizidversuch der Fall war. Diese Verhaltensanalyse sollte schriftlich ausgearbeitet werden und für das Team zugänglich hinterlegt werden.

Verhaltensanalyse zum letzten Suizidversuch

Auch den Verhaltensmustern von *vorangegangenen Therapieabbrüchen* wird Zeit und Aufmerksamkeit gewidmet und für das Team transparent gehalten. Die Abbruchquote unter diesen Bedingungen liegt auf DBT-Stationen unter 10%.

Verhaltensanalyse zum letzten Therapieabbruch

Im Zentrum der therapeutischen Arbeit während der Stufe I steht die Analyse derjenigen *Verhaltensmuster, die den gegenwärtigen Aufenthalt bedingen.*

107

Da von dieser Analyse die weitere Therapieplanung und damit der Behandlungserfolg abhängen, sollte sich der Therapeut mindestens drei bis vier Stunden Zeit nehmen. Diese Analyse sollte für die Patientin vollkommen klar und transparent sein. Im Idealfall wird die Patientin diese Verhaltensanalyse zusammen mit ihrem Therapeuten nach drei Wochen dem Team vorstellen. Während dieser ersten drei bis vier Wochen nimmt die Patientin an der Basisgruppe, der Bezugsgruppe, sowie der Achtsamkeitsgruppe teil. Diese Gruppen sind weiter unten beschrieben.

● *Die Teamvorstellung*

Die Teamvorstellung dauert etwa 30 min. und ist die Voraussetzung zum Erreichen der Stufe II, also der eigentlichen, auf Veränderung zielenden Therapiestufe. Die Patientin entwickelt, zusammen mit allen an der Behandlung Beteiligten, ihre weitere Therapieplanung. Dieses Verfahren hat sich bewährt, da Therapeut und Patientin gezwungen sind, während der ersten Stufe hart an der konkreten, gegenwärtig manifesten Problematik zu arbeiten und rasch Rückmeldung über Erfolg oder Schwierigkeiten erhalten. Gelingt es den beiden nicht, das Team von der Stimmigkeit ihrer Analyse zu überzeugen, so werden sie wohlwollend gebeten, die Vorstellung zu wiederholen. Da diese (nicht seltene) Korrektur in der Regel für beide Beteiligten aversiv ist, kann bei der zweiten Vorstellung mit erheblichen Verbesserungen gerechnet werden. Ein weiterer Vorteil dieses Verfahrens ist die maximale Transparenz der Behandlungsplanung und die Entmystifizierung der Teamsitzung. Die Patientin formuliert jetzt selbst ihre zwei vorrangigen Behandlungsziele und trägt in ihrem Therapiepaß Woche für Woche die erreichten Veränderungen ein.

● *Behandlungsplanung*

Ausgehend von der in der Einzeltherapie erarbeiteten Verhaltensanalyse stellen sich folgende Fragen:

Ist das jeweils *definierte Problemverhalten* (z. B. explosive Durchbrüche mit Schädelverletzungen)

a) durch eine Vielzahl *unspezifischer Umgebungsbedingungen* bedingt (Schlafstörungen, Migräne, Arbeitslosigkeit, Menstruationsbeschwerden, Trennung vom Partner, Ärger mit dem Jugendamt, Krankheiten der Kinder etc.),

b) an *situative Auslöser* gekoppelt (Kränkungen durch den Ehemann oder Angst, die Kinder zu verlieren),

c) durch *spezifische kognitive* oder *emotionale Schemata* prozessiert („ich darf unter keinen Umständen wütend sein, ich darf mich nicht zur Wehr setzen, ich habe kein Recht, mich zu verteidigen etc.),

d) oder durch die *Folgen* aufrechterhalten (Zuwendung und Besorgnis des Ehemannes, Abnahme der inneren Spannung, Kopfschmerzen)?

Grundsätzlich sind diese Fragen nicht leicht zu beantworten, weil viele Faktoren ineinander greifen. Dennoch hilft dieses Schema als grobe Orientierung: Am einfachsten, und effektivsten zu behandeln sind in aller Regel Problembereiche, die an *situative Auslöser* gekoppelt sind. Daher sollte dieser Bereich genau untersucht und gegebenenfalls als primärer Behandlungsfokus gewählt werden. Als Methodik bieten sich zumeist die Problemlösung oder Expositionstechniken an.

Fokus 1. Wahl: situative Auslöser

Fokus der zweiten Wahl ist der Bereich der Konsequenzen. Kontingenzmanagement führt nach kurzfristiger Aggravierung der Problematik (Vorsicht bei Suizidalität) zu rascher und meist wirkungsvoller Veränderung des Problemverhaltens.

Fokus 2. Wahl: Kontingenzmanagement

Langwierig, schwierig und destabilisierend sind Behandlungen, die auf eine Veränderung der internalisierten Pläne oder Schemata zielen. Auch wenn sich die meisten Therapeuten rasch auf dieses Thema stürzen, so sollten doch zunächst alle anderen Interventionsebenen überprüft worden sein. In aller Regel gehört die Arbeit an den individuellen Schemata in den Aufgabenbereich der ambulanten Therapie.

Fokus 3. Wahl: Schemarevision

Zeigen sich viele unspezifische Problemzonen, so sollten einige wenige herausgegriffen werden und noch einmal einer detaillierten Verhaltensanalyse unterzogen werden, bevor ihre jeweilige Bedeutung hierarchisiert wird. Auch die Behandlungsplanung ist für die Patientin transparent.

Stufe II (4. bis 9. Woche)

Die gewünschten Veränderungsprozesse während der zweiten Behandlungsstufe basieren auf der beschriebenen Behandlungplanung und gestalten sich in einem Zusammenwirken unterschiedlicher Module:

9.5 Die stationären Behandlungsmodule

9.5.1 Bezugsgruppe

Die Gesamtheit aller Borderline-Patientinnen auf der Station wird als Bezugsgruppe definiert. Die Patientinnen treffen sich zweimal wöchentlich ohne Therapeuten. Diese Gruppe wählt die jeweiligen „Paten", das heißt die Ansprechpartner für „frisch aufgenommene Patientinnen", schlägt die Ausgangsregelungen vor (aus juristischen Gründen muß der Stationsarzt die Verantwortung übernehmen, er muß sich jedoch der Bezugsgruppe gegenüber rechtfertigen, wenn er deren Entscheidungen nicht nachvollzieht). Weiterhin bespricht die Bezugsgruppe Verhaltensanalysen der jeweiligen Patientinnen, kann strukturelle Veränderungen im Therapieprogramm vorschlagen und Änderungen der Stationsregeln beantragen.

Bezugsgruppe bestimmt „Patientinnen"

Die Bedeutung dieser Gruppe kann gar nicht überschätzt werden. Die Daten zum Theapieverlauf zeigen eine klare Korrelation zwischen guten Therapieergebnissen und funktionierenden Bezugsgruppen. Die hierarchischen und häufig demütigenden Strukturen innerhalb psychiatrisch/psychotherapeutischer Abteilungen kann durch diese Gruppe etwas ausbalanciert werden, das Selbstmanagement der Patientinnen wird verbessert, sie lernen Verantwortung zu übernehmen und sich abzugrenzen und – dies ist vielleicht der wichtigste Aspekt – diese Gruppe trägt dazu bei, die Therapie ständig zu verbessern.

Therapeuten unterstützen die Bezugsgruppe

Die „Regeln" der Bezugsgruppe wurden von Patientinnen ausgearbeitet und haben sich auch im ambulanten Bereich für Selbsthilfegruppen bewährt. Gibt es interaktionelle Schwierigkeiten in der Gruppe, so kann die *Basisgruppe* genutzt werden, um die Problematik zu klären. Häufig hilft aber schon, wenn die Patientinnen sich gemeinsam Video-Aufnahmen ihrer Bezugsgruppensitzungen ansehen, dysfunktionale Verhaltensmuster erkennen und an Verstärkerplänen für Veränderungen arbeiten.

9.5.2 Einzeltherapie

Einzeltherapeut achtet streng auf Arbeitsbeziehung

Die Beziehung definiert sich als eine intensive Arbeitsbeziehung auf Zeit. Noch ausgeprägter als unter ambulanten Bedingungen versteht sich der stationär arbeitende Einzeltherapeut als Coach: Er hilft der Patientin, die Ressourcen des stationären Settings maximal zu nützen. Die therapeutischen Wirkfaktoren sind auf viele Module verteilt, der Einzeltherapeut hält die Fäden zusammen. Es ist sorgsam darauf zu achten, daß die Beziehung nicht zu intensiv wird, von Anfang an ist immer wieder die zeitliche Limitierung der Beziehung ins Spiel zu bringen.

> **Patientin:** „... Endlich fühle ich mich von jemandem verstanden ...".
>
> **Therapeut:** ... „das freut mich, andererseits macht mir das auch ein bißchen Bauchweh, wenn ich daran denke, daß Sie mit diesem so verständigen Therapeuten nur noch sechs Wochen zusammenarbeiten ...".

Treten Spannungen oder Schwierigkeiten auf der Station auf, so bezieht der Therapeut eine dialektische Position: als Vertreter der Realität, als Ratgeber für die Patientin.

Gegen Ende des stationären Aufenthaltes haben Patientin und Einzeltherapeut eine besonders kritische Phase zu bewältigen. Vor der Matrix einer latenten Angst, verlassen zu werden, zeigt sich häufig konkrete Angst, nach Hause zu gehen, allein zu übernachten, den Arbeitsplatz wieder aufzusuchen, usw. Die Patientinnen reagieren unterschiedlich. Das Spektrum reicht von der völligen Ausblendung und Verleugnung der Abschiedsproblematik bis zu heftigen emotionalen Reaktionen mit aufflackernden Suizidgedan-

110

ken. Um die schwierige Balance zwischen Unterstützung bei der Problem-
bewältigung und Vermeidung von Verstärkung dysfunktionalen Verhaltens
zu bewältigen, ist der Therapeut, gerade wenn er etwas unerfahren ist, auf
die Unterstützung des Teams angewiesen. Flexibilität ist nötig, um kurzfristige, schnelle Unterstützung bei schwierigen, funktionalen Schritten zu
gewähren (evtl. nächtliche Telefonanrufe, wenn die Patientin allein über-
nachtet) zu gewähren und die Stunden zu kürzen oder ganz zu streichen,
wenn Rückzugstendenzen und Meidungsverhalten auftreten.

Das Team unterstützt den Therapeuten, die dialektische Balance zu gewährleisten

Faustregel
Die Zuwendung des Therapeuten sollte an neue, funktionale Verhaltens- weisen gekoppelt werden.

9.5.3 Fertigkeitentraining

Im Unterschied zur ambulanten Therapie, während derer die Patientinnen
über den Zeitraum eines Jahres an einem Fertigkeiten-Training teilnehmen,
das konsekutiv in Module gegliedert ist, sollte die kurze Zeit während des
stationären Aufenthaltes genutzt werden, *um einige wenige, dafür sehr spezifische Fertigkeiten* zu vermitteln. Die Auswahl dieser Fertigkeiten ergibt
sich aus den erstellten Verhaltensanalysen der Hauptproblembereiche und
orientiert sich an dem von M. Linehan entwickelten Handbuch (Linehan,
1996a). Es liegt also *im Aufgabenfeld des Einzeltherapeuten,* der Patientin
zu erklären, welche Fertigkeiten notwendig sind, um rasche Veränderungen zu erzielen. Die Patientin wiederum sollte dafür sorgen, daß sie diese
Fertigkeiten beim Fertigkeitentrainer erlernt. Das Pflegepersonal ist verantwortlich für die Unterstützung zum Erlernen und Trainieren der Fertigkeiten. Die Patientin protokolliert die jeweiligen Aufgaben und Übungen.

Unter stationären Bedingungen werden nur einige wenige Skills vermittelt!

9.5.4 Pflegeteam

Um es vorweg zu nehmen: Die Mitarbeiterinnen und Mitarbeiter des psych-
iatrisch/psychotherapeutischen Pflegedienstes sind neben den Patientinnen
sicherlich die Gruppe, welche am meisten zur Effektivität einer stationären
Behandlung beiträgt. Daher können sie auch am meisten Fehler machen
und sind am stärksten emotional belastet.

Die Grundhaltung
Die Patientin ist mündige Partnerin mit einem spezifischen Problem. Die Pflegekraft ist Expertin und finanziert ihren Lebensunterhalt, indem sie die Patientin darin unterstützt, Veränderungsprozesse in die Wege zu lei- ten.

Im Idealfall *balanciert auch das Pflegepersonal z*wischen wohlwollend unterstützender und fordernder Haltung, zwischen Drängen auf Veränderung und Hilfe bei der Akzeptanz von Leid, zwischen Vermittlung von Kompetenz und Akzeptanz von Bedürftigkeit. Je nach professioneller Ausrichtung, droht dieser Balance aus unterschiedlichen Gründen Gefahr: *psychiatrisches* Pflegepersonal, das geschult ist im Umgang mit schweren Depressionen und Erkrankungen aus dem schizophrenen Spektrum tendiert dazu, Patientinnen mit BPS als zu fragil zu behandeln. Die Kompetenz und willensgesteuerte Handlungsfähigkeit der Patientinnen wird leicht unterschätzt. (Es ist ein erheblicher Unterschied zwischen depressionsbedingt anflutenden Suizidimpulsen und Suizidgedanken von Patientinnen mit BPS, die diese in der Regel als Problemlösungsversuche einsetzen!). Häufig führen pflegerische Interventionen, wie engmaschige Kontrollen und Kontaktaufnahme, die im Umgang mit Psychotikern, deren willensgesteuerte Handlungsentwürfe krankheitsbedingt gestört sind, notwendig und berechtigt sind, bei Patientinnen mit BPS ungewollt zur Verstärkung von dysfunktionalem Verhalten. Die Folge ist eine starke *Tendenz zur Hospitalisierung.* Umgekehrt tendiert *psychosomatisch* geschultes Pflegepersonal eher dazu, die Kompetenz der BPS-Patientinnen zu überschätzen. Der lange Weg zwischen dem Entschluß, ein Verhalten zu ändern und der Fähigkeit, dies auch tatsächlich zu tun, wird verkannt, mangelnde Fähigkeiten, Scham oder Angst werden als motivationales Problem oder gar verdeckte feindselige Impulse gesehen. Die Folge ist eine hohe *Tendenz zu Therapieabbrüchen.* Es hat sich jedoch gezeigt, daß die zunehmende Professionalität es erleichtert, diese Balancen zu finden. Dennoch sollten individuelle Mindestvoraussetzungen gegeben sein. So wie ein Bandscheibenvorfall nicht zur Pflege von schweren, bettlägrigen Patienten befähigt, so sollten Pflegekräfte mit (sexuellen) Traumata in der Vorgeschichte nicht unbedingt auf einer Borderline-Station arbeiten, (es gibt hier sicherlich Ausnahmen!!). Emotionale Instabilität oder ausgeprägte emotionale Rigidität sind ebenfalls hinderlich.

Aufgabenbereiche des Pflegepersonals: Es hat sich bewährt, jeweils ein oder zwei Bezugspflegekräfte einer Patientin zuzuordnen. Diese sind Hauptansprechpartner für den Einzeltherapeuten und die Patientin. Für Urlaubsvertretung sollte rechtzeitig gesorgt werde. Diese Bezugspflegekräfte vereinbaren klar *strukturierte Kontakte:* ein- bis zweimal pro Woche über einen Zeitraum von 30 bis 45 Minuten. In *Behandlungsstufe I* erfährt die Patientin während dieser Kontakte primär die Stationsregeln, die biosoziale Theorie und Hilfestellungen bei der Orientierung hinsichtlich Behandlungsplanung und Zielsetzung. Wenn die Patientin Schwierigkeiten bei den Hausaufgaben aus der Einzeltherapie hat, so erhält sie hierbei Hilfestellung. Die zentrale Aufgabe des Pflegepersonals während *Stufe II* liegt im Vermitteln und Training von Skills. Dazu werden zwei unterschiedliche Möglichkeiten genutzt: *Die regulären Termine:* „Welche Skills haben Sie

112

von Ihrem Skillstrainer diese Woche gelernt, was für Übungen hat er empfohlen, kommen Sie damit zurecht, brauchen Sie Unterstützung, ist Ihnen
klar geworden, was eigentlich gemeint ist, darf ich Ihnen das noch einmal
erklären? Ich habe auch ein bißchen gebraucht, bis ich es verstanden
habe ..." Die „Schleife" läuft also wie folgt:

Einzeltherapeut:	Verhaltensanalyse – welche Fertigkeiten müssen ge-lernt werden? (z. B.: Adäquate Kommunikation von Wut und Ärger)
Skillstrainer:	Was hat Ihnen der Einzeltherapeut aufgetragen? (z. B.: Wahrnehmung und Modulation von Gefühlen)
Pflegepersonal:	Was hat Ihnen Ihr Skillstrainer aufgetragen? (Emotionsprotokolle ausfüllen, die Körpersignale von Wut und Ärger kennenlernen und akzeptieren ...)
Einzeltherapeut:	„Hatten Sie Erfolge mit Ihren Übungen, wie können Sie anfangen, diese im Alltag zu integrieren, gab es eine Situation in dieser Woche, in der Sie darauf zu-rückgreifen konnten?"

Die *zweite Möglichkeit,* Skills zu vermitteln oder zu vertiefen, stellen *Kri-sen* dar. Die Patientinnen lernen vom ersten Tag an, ihre *„Innere Anspan-nung"* auf einer Skala von 0 bis 9 einzuschätzen. Als subjektive „Eichung"
gilt, daß ab einem Level von 7 keine klaren Gedanken mehr möglich sind,
daß alles Denken nur noch um die möglichst rasche Beendigung der An-spannung kreist. Ab einem Level von 7 sind in erster Linie Skills zur Span-nungstoleranz indiziert. Die Patientinnen werden ermutigt im Falle einer
„Krise", also wenn sie noch nicht, oder nicht mehr in der Lage sind, Skills
anzuwenden, sich an das aktive Pflegepersonal zu wenden. Das jeweilige
Pflegepersonal nimmt sich kurz Zeit, begrüßt die Kompetenz, sich Hilfe zu
holen, fragt nach dem Anspannungslevel und hilft der Patientin, nun die
entsprechenden Skills anzuwenden.

Ein weiterer wichtiger Aufgabenbereich des Pflegepersonals liegt in der
Aufarbeitung von Verhaltensanalysen.

Während der *III. Behandlungsstufe* ist die Pflege aktiv in die Vorbereitung
der Entlassung einbezogen. Dies umfaßt unter anderem kurze, tägliche
Kontakte nach den Arbeitsbelastungsversuchen, telefonische Unterstützung
während des Übernachtungstrainings, Expositionstraining bei agoraphobi-schen Problemen oder sozialphobischen Problemen.

Bereits diese kurzen Ausführungen lassen erahnen, daß beträchtliche fach-liche Kompetenz erworben werden muß, um diese Aufgaben zu bewälti-gen. Der erste Schritt bei der Implementierung eines störungsspezifischen

Settings ist daher immer das Training des Pflegepersonals. Die Folge dieser Kompetenzerweiterung ist ein gelassener, professioneller Umgang mit Krisensituationen. Phänomene wie „Spaltung" werden nicht mehr beobachtet, lassen sich daher eher als Folge mangelhafter Professionalität denn als projektive Identifizierungen deuten.

9.5.5 Basis-Gruppe

Inhalt dieser themenzentrierten, offenen Gruppe ist einerseits die Vermittlung von störungsspezifischem Wissen, andererseits die Klärung oder Verbesserung von strukturellen Belangen sowie von interaktionellen Phänomenen innerhalb der Bezugsgruppe.

Getreu dem verhaltensmedizinischen Credo: „Die Patientin muß zur Spezialistin ihres Störungsbildes werden", werden folgende Leitfragen geklärt:

– Was versteht man unter einer Borderline-Störung? (Symptomatik)
– Welche ätiologischen Modelle gibt es? (Biosoziale Theorie)
– Was versteht man unter kognitiv/emotionalen Schemata?
– Was versteht man unter Dissoziation?
– Was versteht man unter Halluzinationen und Pseudohalluzinationen?
– Was versteht man unter Flashbacks?
– Wie funktioniert Affektregulation?
– Welche pharmakologischen Möglichkeiten gibt es derzeit?
– Wie entwickeln sich Veränderungsprozesse? (Lerntheorie)
– Wie erkenne ich, ob eine Psychotherapie wirkt?
– Welche Möglichkeiten und Grenzen bietet die Traumatherapie?
– Wie vermittle ich meinem Partner/meiner Partnerin meine Problematik?
– Wie helfe ich meinem Therapeuten, gute Therapie zu machen?

Wie aus diesem Fragenkatalog ersichtlich, geht es primär um die Vermittlung von störungsspezifischem Wissen. Aus didaktischen Gründen sollte die jeweilige Thematik am persönlichen Erfahrungsschatz der Teilnehmer anknüpfen, generelle Aspekte und individuelle Besonderheiten sollten dabei herausgearbeitet werden. Auch hier gelten die generellen Regeln für Borderline-Gruppen: der Therapeut führt. Das heißt, er arbeitet aktiv, befragt die Teilnehmer nach ihrer Meinung, ermuntert und aktiviert die Schweigsamen und bremst die zu aktiven Teilnehmer. Und – bislang liegen keine wissenschaftlich gesicherten Ergebnisse vor, daß Spaß und Humor einer erfolgreichen Therapie abträglich sein könnten. Die klassischen Gesetze der tiefenpsychologisch orientierten Gruppenführung (die Gruppe balanciert sich selbst) jedoch greifen bei dieser Klientel sicherlich zu kurz. Es ist immer damit zu rechnen, daß Teilnehmer, themenabhängig unter starke Anspannung geraten oder dissoziieren – eine ausgezeichnete Gelegenheit, kurz Skills zu vermitteln oder üben zu lassen. Zu Beginn und am Ende helfen kurze Achtsamkeitsübungen die Aufmerksamkeit zu fokussieren oder aktivierte emotionale Prozesse zu modulieren.

9.5.6 Körpertherapie

Die Bedeutung und Möglichkeiten von therapeutischen Methoden, die entweder direkt auf die Verbesserung der Körperwahrnehmung zielen oder körperliche Aspekte integrieren, wird insbesondere in klassischen psychiatrischen oder universitären Institutionen nach wie vor stark unterschätzt. Eigene Untersuchungen zu Prozeß und Ergebnisqualität der stationären Borderline-Therapie zeigen jedoch eindeutig, daß von den Patientinnen die Körpermodule sowohl während als auch nach der Therapie als stärkster Wirkfaktor eingeschätzt werden.

Das Konzept umfaßt drei Dimensionen:
1. Verbesserung der Körperwahrnehmung
2. Vermittlung von „Körperskills" zur Spannungsregulation
3. Akzeptanz und Nutzung von Aggression

Strukturelle Bedingungen und Beziehungsgestaltung: Das Modul Körpertherapie beginnt immer im Einzel-Modus. Da wir voraussetzen, daß die meisten Patientinnen mit BPS traumatische Erfahrungen im Umgang mit anderen mit ihrem Körper gemacht haben, gilt als oberste Regel, daß die Patientin unter allen Umständen die Kontrolle über sämtliche Prozesse behält. Jede einzelne Übung muß zunächst erklärt und das Einverständnis der Patientin eingeholt werden. Da Patientinnen mit BPS unter starker innerer Spannung häufig nicht sprechen *können*, müssen von Beginn an *nonverbale Stopsignale* vereinbart und vielfach geübt werden. Zudem wird vereinbart, daß bei jedem Stopsignal die Übung sofort unterbrochen wird, die Patientin jedoch im Raum und damit bei der Therapeutin/dem Therapeuten verbleibt, bis das Problem geregelt ist. Es ist also nicht erlaubt, die Therapiestunde eigenmächtig abzubrechen. Rückmeldungen über die eigene Befindlichkeit oder die Auswirkungen der jeweilgen Übungen sowie eigene Wünsche sollten so rasch als irgend möglich erfolgen. Die Körpertherapeuten sind selbstverständlich in das therapeutische Team integriert und orientieren sich inhaltlich am Behandlungsfokus, wie er vom Einzeltherapeuten entwickelt wird. Die Übungen und „Hausaufgaben" aus der Körpertherapie werden vom Pflegepersonal unterstützt.

Körpertherapie zunächst im Einzel-Modus beginnen

Stopsignale vereinbaren

115

9.5.7 Die Teamsitzung

In der wöchentlichen Teamsitzung treffen sich alle Mitarbeiter des therapeutischen Teams. Da es sich also um eine äußerst personal- und damit kostenintensive Veranstaltung handelt, ist es nötig, die Zeit knapp zu halten und Informationen auf relativ hohem Abstraktionsniveau zu vermitteln. Ein Zeitbudget von 10 bis 15 min. pro Patientin sollte nicht überschritten werden.

Aufgabenbereiche
– Vorstellung der Behandlungsziele und Behandlungsplanung gemeinsam mit der Patientin
– Gemeinsame Steuerung des Therapieverlaufes
– Koordination der Module
– Inhaltliche und emotionale Unterstützung der Therapeuten

- *Vorstellung der Behandlungsziele und Behandlungsplanung gemeinsam mit der Patientin*

Genauigkeit und Transparenz

Wie oben bereits ausgeführt, stellt die Patientin gemeinsam mit ihrem Therapeuten ca. drei Wochen nach Behandlungsbeginn dem gesamten Team die Verhaltens- und Bedingungsanalyse des zentralen, also primär zu bearbeitenden Problems vor. Darauf aufbauend, entwerfen beide gemeinsam die Behandlungsplanung. Die Aufgabe des Teams besteht darin, die Plausibilität zu überprüfen und die jeweiligen Aufgabenbereiche der verschiedenen Module zu koordinieren. Es versteht sich von selbst, daß diese Vorstellung vor dem gesamten Team einen großen „Schritt" für die Patientin bedeutet und daß sie emotionale Unterstützung des Therapeuten und der Bezugspflegekraft benötigt. Wenn die Patientinnen sich Unterstützung von einer Mitpatientin sichern wollen, so ist dies natürlich ebenfalls möglich. „Genauigkeit und Transparenz" könnte man als Leitlinien für diese Teamsitzung bezeichnen. Erscheint die Behandlungsplanung nicht plausibel, so wird gemeinsam versucht, das Problem zu lösen. Andernfalls werden die beiden gebeten, ihre Analysen und Vorschläge noch einmal zu überarbeiten und zu präzisieren. Wichtig erscheint, daß sämtliche Kritik stets an den Therapeuten zu richten ist, während positive Verstärkung an die Patientin oder beide gerichtet werden sollte. Ist die Planung erfolgversprechend, so geht die Frage an das Team: „Was kann jeder einzelne des Teams zum Gelingen dieses Prozesses beitragen?" Die jeweiligen Therapeuten stellen jetzt ihren Aufgabenbereich vor und vermitteln der Patientin ihre Unterstützung.

Beispiel
Die Patientin definiert als *Problemverhalten* „Kopf gegen die Wand schlagen". Sie hat sich bereits mehrfach Schädelfrakturen und Hirnödeme zugezogen, so daß dieses Verhalten immer wieder zu langen stationären Aufenthalten geführt hat.

116

Die Verhaltensanalyse zeigt als Auslöser unspezifische Kränkungen, das heißt Situationen, in denen sich die Patientin gedemütigt oder ungerecht behandelt fühlt. Die primären Emotionen „Wut und Ärger" werden nur flüchtig wahrgenommen, aktivieren jedoch rasch das kognitive Schema: Ich habe kein Recht, mich zu wehren, der andere hat ein Recht, mich zu demütigen, ich bin der letzte Dreck, ich bin selbst Schuld daran, daß mir das immer wieder passiert, ich hasse mich. Auf der körperlichen Ebene nimmt sie einen raschen, intensiven Anstieg der Anspannung wahr, verliert dann den Realitätsbezug, spürt sich nicht mehr, hört kaum noch Geräusche, auch die optische Wahrnehmung ändert sich. Den überstarken Drang, den Schädel gegen den Boden oder gegen die Wand zu schlagen, kann sie zu diesem Zeitpunkt nicht mehr kontrollieren. Wenn die Patientin allein ist, hält diese Autodestruktion bisweilen über 20 min an. Mit Einsetzen von starken Kopfschmerzen beruhigt sie sich allmählich, die Spannung verliert sich und ein Zustand tiefer Ruhe und Erschöpfung tritt ein. Platzwunden, Ödeme, Schwindel, Kopfweh, Brechreiz und tiefe Scham sind die Konsequenzen. Bisweilen geht sie dann über Tage nicht aus dem Haus, da sie sich wegen ihres Aussehens schämt.

Da die Vermeidung von Auslösern unmöglich ist, das Verhalten auch kaum durch externe Konsequenzen aufrechterhalten wird, zielt die *Behandlungsplanung* auf die Akzeptanz der primären, also adäquaten Emotion. „Wenn mich jemand demütigt, habe ich ein Recht, wütend zu sein und mich zu wehren."

Basisgruppenleiter: „In der Basisgruppe werden Sie einiges über den Wert und die Bedeutung von Wut und Ärger zur Regulation von zwischenmenschlichen Beziehungen lernen."

Körpertherapeutin: „Im Rahmen der Körpertherapie werden wir daran arbeiten, daß Sie frühe körperliche Signale für Ärger und Wut spüren lernen und eine Körperhaltung einnehmen können, die Ihnen hilft, sich stärker und durchsetzungsfähig zu fühlen. Zudem könnten wir mal sehen, ob Sie Spaß am Stockkampftraining haben, das hilft, um mal spielerisch seiner Wut eine Bahnung zu geben."

Fertigkeitentrainer: „Im Skillstraining werden wir uns zunächst damit beschäftigen, was Sie tun können, wenn Ihre Spannung sehr schnell steigt. Das werden Sie insbesondere zu Beginn der Therapie benötigen, weil Sie sicherlich eine Weile brauchen, bis Sie lernen, Ihren Ärger zu artikulieren. Dies wäre die zweite Aufgabe der Skills, das fällt in den Bereich der zwischenmenschlichen Fertigkeiten: sich durchsetzen, Orientierung auf das Ziel."

Leiterin der Achtsamkeitsgruppe: „Die Übungen zur inneren Achtsamkeit helfen, die Realität, so wie sie ist, zu akzeptieren, das betrifft auch unsere Emotionen. Damit bekommen Sie etwas Distanz zu Ihren heftigen Gefühlen und lernen, daß Sie nicht das Gefühl sind, sondern daß Sie dicse Emotionen jetzt im Augenblick spüren, und daß Sie damit etwas anfangen können."

Krankenschwester: „Also, wir sollten zunächst klären, was Sie von uns erwarten, wenn Sie auf der Station in solch einen Erregungszustand geraten. Wir können ja nicht zusehen, wie Sie sich eine Schädelfraktur zufügen. Andererseits verspüren wir wenig Lust, mit Ihnen einen Ringkampf einzugehen ... Wie wäre es, wenn Sie anfangs einen Helm tragen würden? ... Vielleicht gelingt es Ihnen ja, Situationen zu definieren, in denen Sie besonders anfällig sind? Ansonsten besteht unsere Aufgabe darin, Ihnen zu helfen, die neuen Fertigkeiten auf der Station zu trainieren und umzusetzen. Sie haben Glück – Sie sind Patientin, und als Patientin gerät man automatisch in demütigende Situationen, auch wenn wir das vermeiden wollen ... also, eine gute Gelegenheit zu trainieren. Wir werden Sie unterstützen, uns zu kritisieren."

Sozialarbeiterin: „Sie sind jetzt arbeitslos, das hing auch damit zusammen, daß Sie wegen hoher Fehlzeiten gekündigt wurden ... Nun, wir gehen davon aus, daß die Therapie funktioniert, daß Sie sich keine Platzwunden mehr zufügen, also stellt sich die Frage, ob Sie wieder arbeiten wollen und ob wir einen Arbeitsbelastungsversuch planen sollten. Auch dies wäre eine gute Gelegenheit, sich Kränkungen auszusetzen und zu lernen, damit umzugehen."

Einzeltherapeutin: „Gut, was halten Sie davon? Eine ganze Menge verschiedener Angebote ... nun, meine Aufgabe ist es unter anderem, dafür zu sorgen, daß das Ganze eine Linie bekommt, daß Sie lernen, diese verschiedenen Dinge sinnvoll zu nutzen und Schritt für Schritt entwickeln können."

Oberarzt: „Nun, Sie werden Sich vielleicht fragen, was ein Oberarzt dann noch zu tun hat? Mein Beitrag ist die Supervision. Ich helfe mit, daß die Therapieprozesse nicht ins Stocken geraten. Mich können Sie fragen, was Sie nicht verstehen, genauso wie Ihre Therapeutin mich fragen kann, wenn Sie das Gefühl hat, daß irgend etwas schief läuft. Sie sollten wissen, daß ich mir manchmal die Videos der Einzeltherapiestunden ansehe, wenn Sie damit Probleme haben, so können und sollen Sie das mit mir besprechen.

- *Gemeinsame Steuerung des Therapieverlaufes und Koordination der Module*

Woche für Woche wird kurz gemeinsam überprüft, ob der Behandlungsfokus nach wie vor Bestand hat, wie die Patientin anhand ihres Wochenprotokolls den Fortschritt der Therapie beurteilt, ob diese Einschätzung vom Team geteilt wird und welche Veränderungen eventuell nötig wären (vgl. „Wochenprotokoll", Anhang, S. 130).

- *Inhaltliche und emotionale Unterstützung der Therapeuten*

Die stationäre Arbeit mit Borderline-Patientinnen ist belastend. Die Veränderung von Verhaltensmustern, die sich während vieler, manchmal langwieriger früherer stationärer Aufenthalte „bewährt" haben, kostet für alle Beteiligten Kraft und Nerven. Um so wichtiger erscheint es, daß sich das Team gegenseitig emotional stützt. Als „professionelle, zugewandte Streitkultur" könnte man den „Geist" der Teamsitzung bezeichnen. Dies betrifft insbesondere die Schwierigkeiten im Kontingenzmanagement, wenn beispielsweise Einzeltherapeuten vom Team gebeten werden, ihre Stunden zu reduzieren, um dysfunktionales Verhalten zu löschen. Auch der erfahrene Therapeut braucht in solchen Momenten die emotionale Unterstützung des Teams.

professionelle, emotional warme Streitkultur

10 Stand der Wirksamkeitsforschung

Mit Ausnahme einer Untersuchung zur Wirksamkeit von tiefenpsychologisch orientierter Gruppen- und Einzeltherapie (Marziali & Munroe-Blum, 1994) und einer Untersuchung zur Wirksamkeit von 18monatiger teilstationärer tiefenpsychologisch orientierten Therapie (Bateman & Fonagy, 1999; 2001), liegen keine kontrollierten Studien zur Wirksamkeit tiefenpsychologisch orientierter psychotherapeutischer Behandlung bei BPS vor. Marziali und Munroe-Blum fanden eine leichte Überlegenheit der Gruppentherapie hinsichtlich Therapiecompliance gegenüber tiefenpsychologischer Einzeltherapie. Die Studie von Bateman und Fonagy zeigte vor allem, daß Borderline-Patienten ohne spezifische Therapie in ihrer Symptomatik über den Zeitraum von 18 Monaten weitgehend konstant blieben. Es ist also unter herkömmlichen psychiatrisch/psychotherapeutischen Versorgungsbedingungen nicht mit Spontanremission zu rechnen. Die tiefenpsychologisch orientierte teilstationäre Behandlung zeigte nach ca. 12 Monaten signifikante Unterschiede im Vergleich zur unbehandelten Kontrollgruppe hinsichtlich Reduktion von Selbstverletzung, Depressivität und Frequenz vollstationärer Aufenthalte. Nach Entlassung aus der teilstationären Behandlung wurde die Therapie unter ambulanten Bedingungen als analytisch orientierte Gruppentherapie (180 Stunden in 18 Monaten) fortgesetzt. Im Vergleich mit der unspezifisch behandelten Kontrollgruppe zeigten sich weiter signifikante Verbesserungen sowohl auf der Verhaltensebene (Suizidversuche und Selbstverletzungen) als auch auf psychopathometrischer

Ebene (Depressivität, Angst und globale psychiatrische Symptomatik). Damit kann diese Form der Psychotherapie sicherlich als wirksam erachtet werden. Einschränkend kann einerseits der hohe Kostenaufwand (18 Monate teilstationäre Behandlung) diskutiert werden, andererseits sind bei der Komplexität teilstationärer Behandlung über diesen langen Zeitraum sicherlich eine Vielzahl von unspezifischen Wirkfaktoren, wie z. B. die hohen Gruppenkohäsion (19 Patienten wurden als Gruppe über 3 Jahre behandelt), zu berücksichtigen.

Kontrollierte randomisierte Studien zur Wirksamkeit ambulanter Psychotherapie liegen derzeit nur für die Dialektisch-Behaviorale Psychotherapie (DBT) vor.

Linehan et al. (1991; 1993; 1994) verglichen zunächst im Rahmen einer kontrollierten randomisierten Studie DBT mit unspezifischer psychotherapeutischer Behandlung (treatment as usual = TAU). Sie fanden bereits nach vier Monaten eine signifikante Überlegenheit der DBT hinsichtlich Abnahme der Selbstschädigung, des medizinischen Risikos der Selbstverletzungen sowie der stationären Behandlungstage. Auf der psychopathometrischen Ebene, das heißt Depressivität, Suizidvorstellungen und Hoffnungslosigkeit, zeigten sich zwar Verbesserungen im prä-post-Vergleich, jedoch keine signifikanten Unterschiede zwischen den beiden Behandlungsgruppen. Dies war jedoch im Bereich der sozialen Integration der Fall. Die Rate der Behandlungsabbrüche der DBT lag bei 17%, bei TAU bei 58%. In einer umfassenden Kritik dieser Studie betonte Scheel (2000) die Diskrepanz zwischen einer relativ schlechten empirischen Datenlage und der zunehmend raschen Verbreitung der DBT in den USA und Europa. Mittlerweile wurden jedoch weitere Studien durchgeführt, die einerseits die ambulante Standard-DBT betreffen, andererseits spezifische Komponenten der DBT sowie Adaptationen an spezifische Behandlungsbedingungen (z. B. Forensik) oder andere Störungsgruppen (z. B. Adoleszente oder Drogenabhängigkeit) (Übersicht: Koerner & Dimeff, 2000). Trotz unterschiedlicher Designs und teilweise geringen Fallzahlen bestätigen diese Studien weitgehend die Untersuchungsergebnisse der ersten Studie von M. Linehan. In einer von Crits-Christoph et al. (1998) veröffentlichten Liste, welche alle empirisch validierten störungsspezifischen Psychotherapien auflistet, wird die DBT als einziges Behandlungskonzept für Borderline-Störungen als „probably efficacious" eingestuft. Aussagen zur Überlegenheit gegenüber tiefenpsychologisch orientierten Therapien können derzeit nicht gemacht werden, da vergleichende Studien zwischen DBT und der „Transference-Fokused-Therapy" (TFT) nach O. Kernberg, erst am Karolinska Institut in Stockholm sowie am Cornell Medical Center in New York begonnen wurden.

Die Wirksamkeit der stationären DBT konnte zunächst im prä-post-Vergleich nachgewiesen werden. Wir fanden vier Monate nach Behandlungsbeginn, das heißt etwa vier Wochen nach Entlassung, hochsignifikante Ver-

120

besserungen in allen relevanten psychopathologischen Dimensionen, mit Ausnahme der Angst (Bohus et al., 2000). Des weiteren zeigte sich eine hochsignifikante Reduktion der Selbstverletzungen. Die Effektstärken lagen durchschnittlich in Bereichen zwischen .9 und 1.4. Nach Cohen (1992) können diese Effekte als stark bis sehr stark bezeichnet werden, wie sie bei störungsspezifisch entwickelten Therapien gefunden werden, die auf monosymptomatische Störungen wie Angst, oder Zwangsstörungen zielen. Auch im kontrollierten Vergleich mit einer Warteliste konnten in allen psychopathologischen Dimensionen signifikante Verbesserungen ein Monat nach Entlassung nachgewiesen werden (Haaf et al., submitted).

Es kann daher davon ausgegangen werden, daß die Wirksamkeit der stationären DBT gesichert ist. Unklar bleibt, ob dieses Konzept einer ambulanten DBT überlegen ist.

11 Pharmakotherapie

Die Datenlage zur psychopharmakologischen Behandlung der Borderline-Störung ist derzeit äußerst unbefriedigend. Die wenigen kontrolliert randomisierten Studien basieren auf kleinen Fallzahlen. Angesichts der vielfältigen Symptomatik und Heterogenität des Störungsbildes erfüllt keine einzige derzeit publizierte Studie die methodischen Voraussetzungen, um stichhaltige Aussagen bezüglich Wirksamkeit einer Substanzgruppe zu gewährleisten. Der ursprüngliche Ansatz, die Wirkung einer spezifischen Medikation auf die Gesamtheit der „Borderline-Symptomatik" zu überprüfen, scheint überholt. Der Einsatz von Psychopharmaka zielt heute auf die Besserung einer phänomenologisch abgrenzbaren Symptomatik. Tabelle 3 kann als Empfehlung für die klinische Anwendung herangezogen werden (Schmahl & Bohus, 2001). Es erscheint wichtig, darauf hinzuweisen, daß diese Informationen auf unkontrollierten Studien, Einzelfallberichten oder klinischer Erfahrung beruhen, also nicht den derzeit gültigen Kriterien eines wissenschaftlichen Wirknachweises genügen.

Neben dieses symptomspezifischen Hinweisen sei noch angemerkt, daß die Gabe von Benzodiazepinen meines Erachtens in der Therapie der Borderline-Störung keine Rolle spielen sollte. Es gibt keinerlei Daten für etwaige Besserung der Symptomatik, das Suchtpotential ist jedoch gerade bei dieser Patientengruppe ausgesprochen hoch.

Symptomatik	Substanzen
Depression	Serotonin-Wiederaufnahme-Hemmer (SSRI)
Affektlabilität	SSRI, atypische Neuroleptika, Lamotrigin
Aggressivität	SSRI (z. B. Sertralin, Paroxetin)
Impulsivität	SSRI
Dissoziation	Naltrexon
Suizidalität	SSRI, Lamotrigin
Schlafstörungen	Venlafaxin, Trazodon
Spannungszustände	Clonidin
Angst	SSRI
Zwang	SSRI
Selbstverletzungen	SSRI, Naltrexon
Globale Symptomatik	SSRI
Psychotische Symptomatik	Atypische Neuroleptika (z. B. Risperidon, Olanzapin)
ADHD	Methylphenidat

Ausblick

Wie in der Einleitung ausgeführt: Die DBT versteht sich als „Psychotherapeutische Werkstatt", als ein Modell zur praxisorientierten Interaktion neurobiologischer Grundlagenforschung, Sozialwissenschaften, Kognitiv-Behavioraler Therapie und Zen. Veränderungsprozesse der therapeutischen Praxis sind daher eher die Regel als die Ausnahme. So wurden in jüngster Zeit zahlreiche Adaptationen an andere Störungsbilder (Eßstörungen, Drogen- und Alkoholabhängigkeit), Patientengruppen (Adoleszente) und Settings (Forensik, stationärer und teilstationärer Bereich) entwickelt und deren Wirksamkeit empirisch überprüft. Und dennoch... um mit einem Zitat von M. Linehan zu schließen: „DBT may be the best therapy currently available for borderline patients but it is far from being good".

12 Weiterführende Literatur

Beck, J.S. (1999). *Praxis der Kognitiven Therapie*. Weinheim: Psychologie Verlags Union.

Joko Beck, Ch. (1998). *Zen im Alltag*. München: Knaur.

Kabat-Zinn, J. (1994). Wherever you go there you are. New York: Hyperion.

Kernberg, O.F., Dulz, B. & Sachsse, U. (Hrsg.). (2000). *Handbuch der Borderline-Störungen*. Stuttgart: Schattauer.

Lazarus, R.S. (1991). *Emotion and adaptation*. New York: Oxford University Press.

Linehan, M.M. (1996a). *Dialektisch-Behaviorale Therapie der Borderline-Persönlichkeitsstörung*. München: CIP-Medien.

Linehan, M.M. (1996b). *Trainingsmanual zur Dialektisch-Behavioralen Therapie der Borderline-Persönlichkeitsstörung*. München: CIP-Medien.

Pryor, K. (1984). *Don't shoot the dog*. New York: Bantam Books.

Sender, I. (2000) *Ratgeber: Das Borderline-Syndrom*. München: CIP-Medien.

Smith, G., Cox, D. & Saradijan, J. (2000). *Selbstverletzung. „Damit ich den inneren Schmerz nicht spüre"*. Stuttgart: Kreuz.

13 Literatur

American Psychiatric Association (1994). *Diagnostic and statistical manual of mental disorders (DSM-IV)*. Washington, DC, USA: APA.

Bateman, A. & Fonagy, P. (1999). Effectiveness of partial hospitalization in the treatment of borderline personality disorder: A randomized controlled trial. *American Journal of Psychiatry,* 156 (10), 1563-1569.

Bateman, A. & Fonagy, P. (2001). Treatment of borderline personality disorder with psychoanalytically oriented partial hospitalization. *American Journal of Psychiatry,* 158 (1), 36-42.

Bohus, M., Haaf, B., Stiglmayr, C.E., Pohl, U., Boehme, R., & Linehan, M.M. (2000). Evaluation of inpatient dialectical-behavioral therapy for borderline personality disorder – a prospective study. *Behaviour Research & Therapy* 38 (9), 875-887.

Bohus, M., Limberger, M., Sender, I., Grathwohl, T. & Stieglitz, R.D. (2001). Entwicklung der Borderline-Symptom-Liste. *Psychotherapie, Psychosomatik und medizinische Psychologie,* 51, 1-11.

Bohus, M. & Bathruff, H. (2000). Dialektisch Behaviorale Therapie der Borderline-Störung im stationären Setting. *Psychotherapie im Dialog,* 4, 55-66.

Bohus, M. (1996). Zur Funktion von Verhaltensanalysen bei der dialektischen Verhaltenstherapie von Borderline-Persönlichkeitsstörungen nach M. Linehan. In: F. Caspar (Hrsg.), *Psychotherapeutische Problemanalyse* (S. 155-173). Tübingen: DGVT.

Brodsky, B.S., Malone, K.M., Ellis, S.P., Dulit, R.A. & Mann, J.J. (1997). Characteristics of borderline personality disorder associated with suicidal behavior. *American Journal of Psychiatry* 154 (12), 1715-1719.

Caspar, F. (1996). *Psychotherapeutische Problemanalyse.* Tübingen: dgvt-Verlag.

Cohen, J. (1992). A power primer. *Psychological Bulletin* 112 (1), 155-159.

Coid, J.W. (1993). An affective syndrome in psychopaths with borderline personality disorder? *British Journal of Psychiatry* 162 641-650.

Crits-Christoph, P. (1998). Psychosocial treatments for personality disorders. In: Nathan, P.E. & Gorman, J.M. (eds), *A guide to treatments that work* (pp. 544-553). New York, NY, USA: Oxford University Press.

De Bellis, M.D., Keshavan, M.S., Clark, D.B., Casey, B.J., Giedd, J.N., Boring, A.M., Frustaci, K. & Ryan, N.D. (1999). Developmental traumatology: II. Brain development. *Biological Psychiatry* 45 (10), 1271-1284.

Dilling, H., Mombour, W. & Schmidt, M.H. (1991). *Internationale Klassifikation psychischer Störungen, ICD-10, Kapitel V (F), Klinisch-Diagnostische Leitlinien.* Bern: Huber.

Dulit, R.A., Fyer, M.R., Haas, G.L., Sullivan, T. & Frances, A.J. (1990). Substance use in borderline personality disorder. *American Journal of Psychiatry* 147 (8), 1002-1007.

Foa, E.B., Rothbaum, B.O., Riggs, D.S. & Murdock, T.B. (1991). Treatment of posttraumatic stress disorder in rape victims: A comparison between cognitive-behavioral procedures and counseling. *Journal of Consulting & Clinical Psychology* 59 (5), 715-723.

Frances, A., Fyer, M. & Clarkin, J. (1986). Personality and suicide. *Annals of the New York Academy of Sciences* 487 281-293.

Gunderson, J.G. & Kolb, J.E. (1978). Discriminating features of borderline patients. *American Journal of Psychiatry* 135 (7), 792-796.

Gunderson, J.G. & Singer, M.T. (1975). Defining borderline patients: An overview. *American Journal of Psychiatry* 132 (1), 1-10.

Gunja, H., Huppertz, M., Friedrich, J. & Ehrental, J. (2000). Dialektisch Behaviorale Therapie von Borderline-Persönlichkeitsstörungen in einem Ambulanten Netzwerk. *Verhaltenstherapie und Psychosoziale Praxis, 32 (4),* 651-662.

Haaf, B., Pohl, U., Deusinger, I.M. & Bohus, M. (2001). Untersuchungen zum Körperkonzept bei Patientinnen mit Borderline-Persönlichkeitsstörungen. *Psychotherapie, Psychosomatik und medizinische Psychologie, 51,* 1-9.

Heffernan, K. & Cloitre, M. (2000) A comparison of posttraumatic stress disorder with and without borderline personality disorder among women with a history of childhood sexual abuse – Etiological and clinical characteristics. *Journal of Nervous and Mental Disease* 188 (9), 589-595.

Herpertz, S., Gretzer, A., Steinmeyer, E.M. & Mühlbauer, V. (1997). Affective instability and impulsivity in personality disorder: Results of an experimental study. *Journal of Affective Disorders* 44 (1), 31-37.

Horowitz , L.M., Rosenberg, S.E., Baer, B.A., Ureno, G. & Villasenor, V.S. (1988). Inventory of interpersonal problems: psychometric properties and clinical applications. *Journal of Consulting & Clinical Psychology,* 56 (6), 885-92.

Jang, K.L., Paris, J., Zweig-Frank, H. & Livesley, W.J. (1998). Twin study of dissociative experience. *Journal of Nervous & Mental Disease* 186 (6), 345-351.

Jang, K.L., Livesley, W.J., Vernon, P.A. & Jackson, D.N. (1996). Heritability of personality disorder traits: A twin study. *Acta Psychiatrica Scandinavica* 94 (6), 438-444.

Jerschke, S., Meixner, K., Richter, H. & Bohus, M. (1998). Zur Behandlungsgeschichte und Versorgungssituation von Patientinnen mit Borderline-Persönlichkeitsstörung in der Bundesrepublik Deutschland. *Fortschritte der Neurologie-Psychiatrie* 66 (12), 545-552.

Kernberg, O.F. (1967). Borderline personality organization. *Journal of the American Psychoanalytic Association* 15 (3), 641-685.

Kind, J. (2000). Zur Entwicklung psychoanalytischer Borderline-Konzepte seit Freud. In: Kernberg, O.F., Dulz, B.& Sachsse, U. (eds), *Handbuch der Borderline-Störungen* (pp. 27-43). Stuttgart: Schattauer.

Koerner, K. & Dimeff, L.A. (2000). Further Data on dialectical behavioral therapy. *Clinical Psychology: Science and Practice* 7 (1), 104-113.

Linehan, M.M., Armstrong, H.E., Suarez, A., Allmon, D. & Heard, H.L. (1991). Cognitive-behavioral treatment of chronically parasuicidal borderline patients. *Archives of General Psychiatry* 48 (12), 1060-1064.

Linehan, M.M., Heard, H.L. & Armstrong, H.E. (1993). Naturalistic follow-up of a behavioral treatment for chronically parasuicidal borderline patients [published erratum appears in Arch Gen Psychiatry 1994 May;51(5):422]. *Archives of General Psychiatry* 50 (12), 971-974.

Linehan, M.M., Tutek, D.A., Heard, H.L. & Armstrong, H.E. (1994). Interpersonal outcome of cognitive-behavioral treatment for chronically parasuicidal borderline patients. *American Journal of Psychiatry* 151 (12), 1771-1776.

Livesley, W.J., Jang, K.L., Jackson, D.N. & Vernon, P.A. (1993). Genetic and environmental contributions to dimensions of personality disorder. *American Journal of Psychiatry* 150 (12), 1826-1831.

Livesley, W.J., Jang, K.L. & Vernon, P.A. (1998). Phenotypic and genetic structure of traits delineating personality disorder. *Archives of General Psychiatry* 55 (10), 941-948.

Loranger, A.W. (1999). *International Personality Disorder Examination (IPDE): DSM-IV and ICD-10 modules*. Odessa, FL: Psychological Assessment Resources.

Marziali, E. & Munroe-Blum, H. (1994). *Interpersonal group psychotherapy for borderline personality disorder*. New York: Basicbooks.

McEwen, B.S. & Sapolsky, R.M. (1995). Stress and cognitive function. *Current Opinion in Neurobiology* 5 (2), 205-216.

Mohl, A. (1996). *Der Zauberlehrling. Das NLP Lern- und Übungsbuch*. Paderborn: Junfermann.

Nijenhuis, E.R.S., Spinhoven, P., Van Dyck, R. & Van Der Hart, O. (1996). The development and psychometric characteristics of the Somatoform Dissociation Questionnaire (SDQ-20). *Journal of Nervous & Mental Disease* 184 (11), 688-694.

Quirk, G.J., Russo, G.K., Barron, J.L. & Lebron, K. (2000). The role of ventromedial prefrontal cortex in the recovery of extinguished fear. *Journal of Neuroscience* 20 (16), 6225-6231.

Reddemann, L. & Sachsse, U. (2000). Traumazentrierte imaginative Therapie. In: Egle, U., Hoffmann, S.O. & Joraschky, P. (eds), *Sexueller Mißbrauch, Mißhandlung, Vernachlässigung*, 2. Auflage (pp. 271-293), Stuttgart: Schattauer.

Scheel, K.R. (2000). The empirical basis of dialectical behavior therapy: Summary, critique, and implications. *Clinical Psychology-Science & Practice* 7 (1), Spr-86.

Schepank, H. (1996). *Zwillingsschicksale*. Gesundheit und psychische Erkrankungen bei 100 Zwillingen im Verlauf von drei Jahrzehnten. Stuttgart: Enke.

Schmahl, Ch. & Bohus, M. (2001). Symptomorientierte Pharmakotherapie bei Borderline-Persönlichkeitsstörung. *Fortschritte der Neurologie. Psychiatrie (in press)*

Shearer, S.L., Peters, C.P., Quaytman, M.S. & Wadman, B.E. (1988). Intent and lethality of suicide attempts among female borderline inpatients. *American Journal of Psychiatry* 145 (11), 1424-1427.

Silk, K. (2000). Overview of biologic factors. *Psychiatric Clinics North America, 23 (1)*, 61-75

Soloff, P.H., Lis, J.A., Kelly, T. & Cornelius, J.R. (1994). Risk factors for suicidal behavior in borderline personality disorder. *American Journal of Psychiatry* 151 (9), 1316-1323.

Sowell, E.R., Thompson, P.M., Holmes, C.J., Jernigan, T.L. & Toga, A.W. (1999). In vivo evidence for post-adolescent brain maturation in frontal and striatal regions. *Nature Neuroscience* 2 (10), 859-861.

Spitzer, R.L., Endicott, J. & Gibbon, M. (1979). Crossing the border into borderline personality and borderline schizophrenia: The development of criteria. *Archives of General Psychiatry* 36 (1), 17-24.

Stern, A. (1938). Borderline group of neuroses. *Psychoanalytic Quarterly* 7, 467-489.

Stiglmayr, C., Shapiro, D., Stieglietz, R., Limberger, M. & Bohus, M. (2001). Experience of aversive tension and dissociation in female patients with Bordeline Personality Disorder – a controlled study. *Journal of Psychiatric Research, 35 (2),* 111-118.

Stone, M.H., Hurt, S.W. & Stone, D.K. (1987). The PI 500: Long-term follow-up of borderline inpatients meeting DSM-III criteria: I. Global outcome. *Journal of Personality Disorders* 1 (4), 291-298.

Teicher, M.H., Ito, Y., Glod, C.A. & Andersen, S.L. (1997). Preliminary evidence for abnormal cortical development in physically and sexually abused children using EEG coherence and MRI. *Annals of the New York Academy of Sciences* 821, 160-175.

Torgersen, S., Lygren, S., Oien, P.A., Skre, I., Onstad, S., Edvardsen, J., Tambs, K. & Kringlen, E. (2000). A twin study of personality disorders. *Comprehensive Psychiatry* 41 (6), 416-425.

Torgersen, S., Kringlen, E.G. & Cramer, V. (2001). The prevalence of personality disorders in a community sample. *Arch Gen Psychiatry 58,* 590-596.

Tucker, D.M., Luu, P. & Pribram, K.H. (1995). Social and emotional self-regulation. *Annals of the New York Academy of Sciences* 769, 213-239.

Uno, H., Tarara, R., Else, J.G., Suleman, M.A. & Sapolsky, R.M. (1989). Hippocampal damage associated with prolonged and fatal stress in primates. *Journal of Neuroscience* 9 (5), 1705-1711.

Zanarini, M.C. (2000). Childhood experiences associated with the development of borderline personality disorder. *Psychiatric Clinics of North America* 23 (1), 89-101.

Zanarini, M.C., Frankenburg, F.R., Dubo, E.D., Sickel, A.E., Trikha, A., Levin, A. & Reynolds, V. (1998a). Axis I comorbidity of borderline personality disorder. *American Journal of Psychiatry* 155 (12), 1733-1739.

Zanarini, M.C., Frankenburg, F.R., Dubo, E.D., Sickel, A.E., Trikha, A., Levin, A. & Reynolds, V. (1998b). Axis II comorbidity of borderline personality disorder. *Comprehensive Psychiatry* 39 (5), 296-302.

Zanarini, M.C. & Frankenburg, F.R. (1997). Pathways to the development of borderline personality disorder. *Journal of Personality Disorders* 11 (1), 93-104.

Zanarini, M.C., Williams, A.A., Lewis, R.E. & Reich, R.B. (1997). Reported pathological childhood experiences associated with the development of borderline personality disorder. *American Journal of Psychiatry* 154 (8), 1101-1106.

Zanarini, M.C., Gunderson, J.G. & Frankenburg, F.R. (1990). Cognitive features of borderline personality disorder. *American Journal of Psychiatry* 147 (1), 57-63.

Zanarini, M.C., Gunderson, J.G., Frankenburg, F.R. & Chauncey, D.L. (1989). The revised Diagnostic Interview for Borderlines: Discriminating BPD from other Axis II disorders. *Journal of Personality Disorders* 3 (1), 10-18.

Zweig-Frank, H. & Paris, J. (1997). Relationship of childhood sexual abuse to dissociation and self-mutilation in female patients. In: Zanarini, M.C. (ed), *Role of sexual abuse in the etiology of borderline personality disorder* (pp. 93-105), Washington, DC, USA: American Psychiatric Press, Inc.

14 Anhang

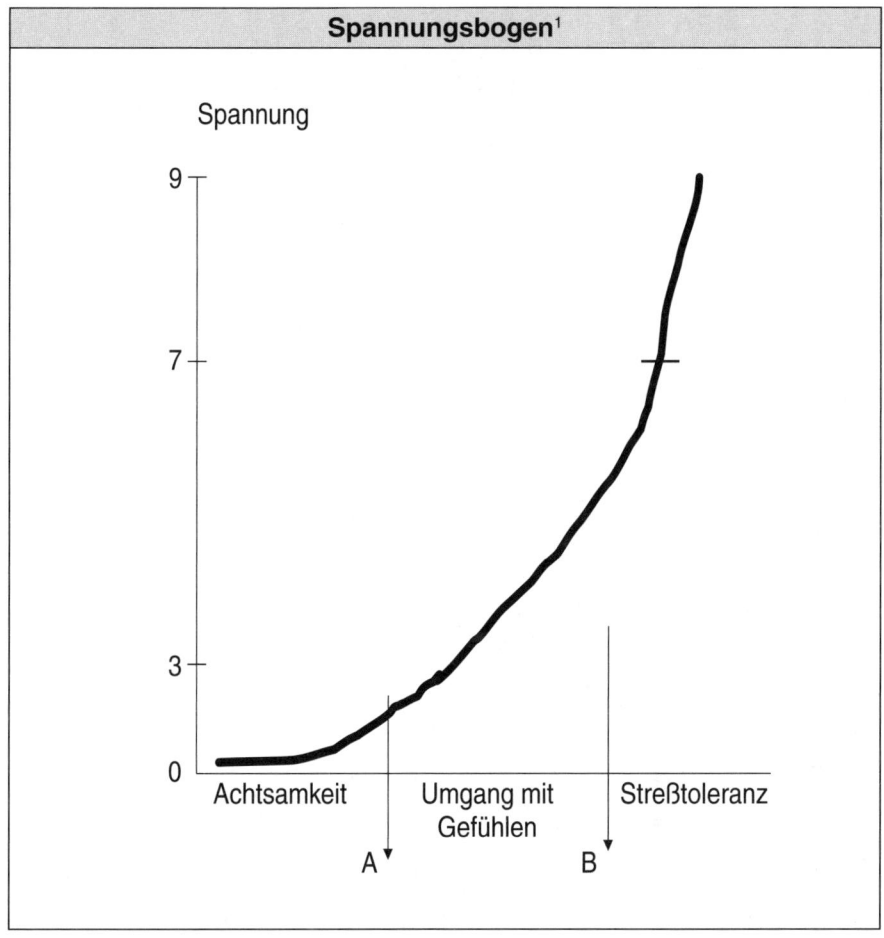

Spannungsbogen[1]

[1] © by DAGDBT Freiburg (2000)

127

Behandlungsvertrag[2]

Orientierung und Richtlinien für das Fertigkeitentraining:

1. Das Gruppenprogramm umfaßt eine Zeitdauer von einem Jahr; in diesem Zeitraum wird das gesamte Skillstraining zweimal durchgeführt.

2. Vorraussetzung für die Teilnahme an dem Gruppentraining ist eine begleitende DBT-Einzeltherapie.

3. Wer nicht teilnehmen kann, sollte rechtzeitig absagen.

4. In einem Durchlauf des Skillstraining muß jede Patientin mindestens 50% der Zeit teilnehmen; wer fünfmal hintereinander fehlt (unabhängig davon, ob vorher abgesagt wurde oder nicht), ist aus der DBT-Therapie ausgeschlossen.

5. Das Skillstraining ist wesentlicher Bestandteil der Einzeltherapie. Dies beinhaltet, daß zwischen Einzel- und Gruppentherapeuten ein regelmäßiger Informationsaustausch stattfindet.

6. Informationen, die innerhalb der Gruppensitzungen ausgetauscht werden, ebenso wie Namen der übrigen Teilnehmerinnen, müssen streng vertraulich behandelt werden. Das bedeutet, daß eine Schweigepflicht besteht.

7. Die Patientinnen sollen untereinander keine intensiven persönlichen Kontakte pflegen.

8. Die Teilnahme an der Gruppe unter Einfluß von Drogen und Alkohol ist nicht erlaubt.

Behandlungsvertrag

9. Patientinnen, die anderen Patientinnen über ihre suizidalen Gedanken informieren, müssen bereit sein, deren Hilfe anzunehmen.

10. Während der Gruppensitzungen werden aus diesem Grund Videoaufnahmen gemacht. Hierzu benötigen wir Ihr schriftliches Einverständnis.

11. Bei therapieschädigendem Verhalten soll eine Verhaltensanalyse geschrieben werden. Therapieschädigendes Verhalten liegt vor
    – bei ständigem Nichtbezahlen
    – bei Nichterscheinen, außer bei entschuldigtem Fernbleiben wegen Krankheit oder Urlaub
    – bei permanentem Zuspätkommen
    – bei Verhalten innerhalb wie auch außerhalb des Skilltrainings, welches den Fortlauf der Therapie gefährdet.

12. Als Aufwandsentschädigung sind an die Gruppentherapeuten pro Abend _____ DM zu entrichten. Sozialhilfeempfänger beteiligen sich mit _____ DM.

Ich habe das Obenstehende gelesen, das Angebot und die Erwartungen an mich habe ich verstanden, und ich wünsche an dem Behandlungsprogramm teilzunehmen.

Freiburg, den _____

_____
(Unterschrift der Patientin)

_____
(Unterschrift des Gruppentherapeuten/der Gruppentherapeutin)

[2] © by DAGDBT Freiburg (2000)

Wochenprotokoll

	Medikation	Schlaf	Drogen	Sport	Alko-hol	Not/Elend	Vergnügen	Selbstverletzung		Suizidalität		High risk	
		Stunden		Stunden			Stunden	Drang	Handlg	Phant.	Drang	Drang	Handlg
Mo													
Di													
Mi													
Do													
Fr													
Sa													
So													

Not/Elend; Drang zur Selbstverletzung; Suizidalität; Drang zu high risk: zwischen 1 und 5 skalieren: 1= gering; 5= sehr hoch

Behandlungs-Wochenprotokoll[3]

vom _____ bis _____

Patientin _____ Ausgabetermin_____
Einzeltherapeut/In _____
Bezugspflege _____

1 Behandlungsziele:
1.1 übergeordnet:

Rückmeldung Patientin: In dieser Woche befinde ich mich zwischen Ausgangspunkt und Zielerreichung an folgender Stelle:

Zielerreichung | 100

Ausgangspunkt | 0
_____
Wo. 4 Wo. 5 Wo. 6 Wo. 7 Wo. 8 Wo. 9 Wo. 10 Wo. 11 Wo. 12 Wo. 13

Rückmeldung Patientin: In den vergangenen 7 Tagen bin ich meinem *übergeordneten* Behandlungsziel näher gekommen:

0	1	2	3	4	5	6	7	8	9

gar nicht   sehr viel

1.2 Ziele der Woche:

Rückmeldung Patientin: In den vergangenen 7 Tagen bin ich meinem *Ziel der Woche* näher gekommen:

0	1	2	3	4	5	6	7	8	9

gar nicht   sehr viel

---

[3] © by DAGDBT Freiburg (2000)

130